I0558371

www.ingramcontent.com/pod-product-compliance
Lightning Source LLC
Chambersburg PA
CBHW051149120626
46547CB00012B/1007
9789381029428

Meri 51 Kahaniya'n

by   Baland Iqbal

Edition : 2012

Rs.: 000/-

© بلند اقبال

نام کتاب   :   میری اکیاون کہانیاں

مصنف   :   بلند اقبال

مطبع   :   ایچ.ایس.آفسیٹ پریس، دہلی

سرِ ورق   :   اظہار احمد ندیم

زیرِ اہتمام   :   عرشیہ پبلی کیشنز

arshia publications

A-170, Ground Floor-3, Surya Apartment, Dilshad Colony, Delhi - 110095 (INDIA)
Mob: 9971775969, 9899706640 Email: arshiapublicationspvt@gmail.com

انتساب

نقش فریادی ہے کس کی شوخیِ تحریر کا

سعادت حسین منٹو کے نظر

مشرف عالم ذوقی

'جس کو کہتے ہیں محبت جس کو کہتے ہیں خلوص'

اظہارِ تشکر

شجعیہ ....'مری حیات، مری کائنات، مرا ثبات'
تمہاری محبتوں کے بنا اس کتاب کی تکمیل نامکمل تھی۔

جوزیر، علائینا اور ژویر.....'مری زندگی کے حسین خوابوں کی منزلیں'
تمہارے پیار بھرے لہجے اس کتاب کے صفحوں پر تتلیاں بن کر رنگ بکھرتے ہیں۔

اظہار احمد ندیم........
آپ کی ماہرانہ ترتیب و تدوین کی وجہ سے میری زندگی کا تخلیقی سرمایہ
اس حسین صورت میں شائع ہوا۔

فہرست

بلند اقبال ۔۔۔ میرا بھائی

میرا دوست اور ایک بلند افسانہ نگار

۔۔ مشرف عالم ذوقی

'آپ بلند کو جانتے ہیں۔؟' مجھ سے سوال کیا گیا تھا۔

'ہاں۔' میرے جواب میں اعتماد شامل تھا۔

'کیسے؟'

'نہیں جانتا۔'

'دیکھا تو ہوگا۔؟'

'نہیں ۔'

'دیکھا نہیں، مطلب ملے بھی نہیں؟'

'پھر آپ کیسے جانتے ہیں۔'

اب مسکرانے کی باری میری تھی۔ 'ویسے ہی۔ جیسے میں پریم چند کو جانتا
ہوں۔ اقبال کو جانتا ہوں۔ پاکستان اور باہر رہنے والے کئی ایسے فنکاروں کو
جانتا ہوں جن سے کبھی رابطہ نہیں رہا۔ مگر.......'

'مگر کیا۔'

'فرائیڈ سگمنڈ سے ملے ہیں؟'

'نہیں۔'

اس بار میں مسکرایا تھا۔ 'مولانا فرائیڈ سگمنڈ کو ڈاکٹر بنتے بنتے جانے کیا سوجھی کہ علم نفسیات کی باریکیوں پر تحقیق کرنے لگے۔ صاحب، ایک رشتہ روحانی ہوتا ہے۔ نام سامنے آتا ہے اور دل کہتا ہے، یہ اپنا عکس ہے۔ یہ اپنا ہے۔ اور بلند کا نام جب بھی سامنے آیا تو دل نے اسی لمحہ اعتراف کرلیا کہ یہ تمہارا چھوٹا بھائی ہے۔

سگمنڈ فرائیڈ بھی ڈاکٹری، کے راستہ نفسیات کے میدان میں داخل ہوا اور ہمارے بلند اقبال علم نفسیات اور ڈاکٹری، دونوں کو سنبھالے ادب میں وارد ہوئے — اور شروعاتی دور کی چند کہانیوں میں ہی ایک بھائی اور دوست سے زیادہ ایک بڑے فکشن رائیٹر کے طور پر میرے دل کو فتح کرلیا۔ فکشن میں اختصار نویسی کا عمل سب سے مشکل ہوتا ہے۔ منٹو کا کمال یہی تھا کہ وہ اپنی مختصر کہانیوں کے حوالے سے قاری کے دل پر ایسی ضرب لگانے میں کامیاب ہوتا کہ قاری خواہش کے باوجود اس کے سحر سے باہر نہیں نکل پاتا تھا۔ میں نے یہ کمال بہت حد تک بلند اقبال کی کہانیوں میں محسوس کیا ہے۔

یہ تسلیم کیجئے کہ کہانیاں بلند اقبال کے لیے محض فیشن یا سکون قلب کا ذریعہ نہیں ہیں۔ اختصار کے فن کے ساتھ جو تخلیقی ذہانت، آبشار کی طرح ان کی کہانیوں میں نظر آتی ہے، وہ انکا ہی حصہ ہے، عرصہ پہلے سومرسٹ مام نے مشہور مصور پال گوگاں کو سامنے رکھ کر ایک ناول تخلیق کیا Moon in the sixpence — پال گوگاں ایک باغی تھا۔ اخلاقیات نام کی کوئی چیز اس مصور میں نہیں تھی۔ اور وہ کہا کرتا تھا — کہ فنکار اپنے فن یا محبت میں کسی ایک سے ہی محبت کرسکتا ہے۔ یہ جملہ مجھے یاد رہا تھا اور ایسے ہزاروں نام مجھے یاد آ گئے تھے جو قلم یا فن کی محبت میں آج بڑے نام کی حیثیت سے یاد تو کیے جاتے ہیں لیکن جو گھر سے محبت نہیں کر سکے یا اپنے گھر کی ذمہ داری نبھانے میں پوری طرح

ناکام رہے۔ یہاں بھی بلند اقبال اپنے کردار کے غازی کے طور پر سامنے آتے ہیں۔ ڈاکٹری وہ پیشہ جس سے انہوں نے بے پناہ محبت کی۔ گھر، گھرانہ جس پر وہ جان دیتے ہین۔ اورادب جوان کی سرشت، ان کے خون کے ذرے ذرے میں شامل ہے— سو مرسٹ مام اور ہیمنگ وے سے اوہان پامک تک نہ صرف یہ زمانہ یہ عہد بدلا ہے بلکہ ادب کا تصور اور فلسفے بھی بدلے ہیں۔ تہذیب کی نئی روشنی میں بلند کی شخصیت مجھے ایک ایسی متوازن شخصیت کی معلوم ہوتی ہے جہاں گھر، پیشہ اورادب سب کے لیے اس نے مخصوص خانے بنا رکھے ہیں اور عمدہ بات یہ ہے کہ وہ نبھانا جانتا ہے۔

اس تمہید کی ضرورت اس لیے تھی کہ اس کے بغیر بلند کے افسانوں کو سمجھنا آسان نہیں ہے۔ بلند ایک منجھا ہوا فوٹو گرافر ہے— لیکن وہ اپنی کہانیوں میں چھوٹی چھوٹی جزئیات کے ساتھ جہاں فوٹو گرافی کا عمل دہراتا ہے، وہیں وہ یہ بات بھی جانتا ہے کہ— 'کچھ اور چاہئے وسعت میرے بیاں کے لیے—' وہ جانتا ہے کہ افسانے کے رمز نئی ڈسکوری میں پوشیدہ ہین— آپ کے پاس حیات وممات سے وابستہ نئے فلسفے نہیں ہونگے تو آپ کی کہانیاں ہزاروں لاکھوں ٹن کاغذ کے درمیان کہیں گم ہو جائیں گی۔ وہ اپنا فلسفہ تراشتا ہے۔ زندگی کو اپنی آنکھوں سے دیکھتا ہے...... اشتراکیت اور جدیدیت سے الگ اپنی راہ بناتا ہے اور کسی حد تک یہ کہا جا سکتا ہے کہ بلند کے پاس اگر کوئی ازم یا راستہ ہے تو وہ انسانی زاویہ ہے۔ وہ اپنی ہر کہانی میں اسی انسانی زاویے کو برتنے کی کوشش کرتا ہے۔ سن ۲۰۱۲ کے آتے آتے یہ دنیا ایک ایسے Explosion point تک پہنچ چکی ہے جب تیسری جنگ عظیم کا خطرہ سر اٹھانے لگا ہے۔ تہذیبوں کا تصادم جاری ہے۔ ایک طرف سائنس کی ریس ہے اور دوسری طرف دہشت پسندی— اس ریس میں انسان کہیں گم ہو گیا ہے۔ بلند، اپنی بلند بانگ کہانیوں میں صدی کے نوحہ اور تعبیر وتصریح سے گزرتے ہوئے اس انسان کو تلاش کر لیتے ہیں جو کبھی میکسم گورکی

کہانیوں میں نظر آیا کرتا تھا— تیز بارش، ڈھول پیٹتے ہنگامہ کرتے ہوئے مزدور۔ اور ایک مزدور عورت کے یہاں اس قدرتی آفات کے درمیان بچہ ہونے والا ہے۔ اور پھر بچے کی چیخ ابھرتی ہے۔ اور مزدور ناچنے گانے میں مصروف ہو جاتے ہیں۔ تیز آندھی اور بارش کے درمیان بچے کی ولادت نئے انسان کو علامت بن جاتی ہے اور یہ نیا انسان بلند اقبال کی اکثر و بیشتر کہانیوں میں جب اپنی مضبوطی کے ساتھ دکھائی دیتا ہے تو بلند کو، سیلیوٹ کرنے کو دل چاہتا ہے۔ وہ ہمیشہ کی طرح زندگی کا نیا فلسفہ سامنے رکھتا ہے اور حیران کر جاتا ہے۔

''ہاں وہی.... وہ جو ننگ دھڑنگ چیختا چلاتا ہوا دیوانہ..... خود کے سائے کو روندتا ہوا کسی بدحواس ہرن کی طرح جنگلی بھیڑیوں کے ڈر سے بھاگ رہا ہے۔ وہ جو محض اپنی گندی گالیوں ہی سے خود پر پڑتے ہوئے پتھروں سے لڑ رہا ہے۔ وہ جو شریر لڑکوں کے چنگل میں پھنسا ہوا خود اپنے بہتے ہوئے زخم چاٹ رہا ہے۔ ہاں وہی.... جو سسکتی ہوئی آنکھوں سے شاید اپنے اردگرد کے لوگوں کے ہونے کا سبب سوچ رہا ہے، ہاں وہی.... ٹھیک وہی.... اسے انسان کہتے ہیں۔''

●●

''کہتے ہیں اس رات بہت آندھیاں چلی تھیں اور بہت طوفان بھی آئے تھے۔ رات اور بھی تاریک، دن اور بھی روشن ہو گئے تھے اور پھر وہ سناٹا آیا تھا کہ زمین کا دل دہل گیا تھا اور آسماں کانپ گیا تھا۔

کہتے ہیں اس رات خدا اور انسان کا ملاپ ہوا تھا اور پھر اس روتے سسکتے ہوئے انسان کے شعور پر چوتھے ڈائمنشن کا دروازہ کھل گیا تھا جس سے نکلتی ہوئی روشنیاں کائنات کا سینہ شق کر گئی تھیں اور چند

انمٹ سوالیہ نقوش چھوڑ گئی تھیں۔ خدا کی تخلیق خدا جیسی کیوں نہیں ہے؟''
——فورتھ ڈائمنشن

''آہ!.... نہیں کریم الدین.... پھر وہی آواز گونجنے لگی ''یاد کرو نا.... کس طرح مہینوں اور سالوں کو گن کر تم نے بچے پیدا کیے تھے، کیسی میکانکی انداز کی محبت سے تم نے بچے پیدا کیے تھے.... محبتیں بڑھاپے کے سہاروں کی غرض سے نہیں ہوا کرتیں.... تم بھول گئے مگر سچ تو یہ ہے کہ بیٹا پیدا ہونے پہ تم نے گہرے سکون کا سانس بھی لیا تھا، تمہاری محبت میں بھی اپنی نسل کو آگے بڑھانے کی غرض تھی.... کریم الدین خوشیاں خود غرضیوں سے پیدا نہیں ہوتی، اس فطری عمل میں مصنوعی میکانیکیت کا کوئی حصہ نہیں.... آہ.... تمہاری میکانکی زندگی تمہاری ساری ہی فطری خوشیاں چھین گئی..... آہ! تمہاری بھوکی پیاسی روح خوشی کی آس میں دم توڑ گئی.... تمہاری روح مرگئی.... کریم الدین روتے ہوئے گڑگڑانے لگا.... ''کوئی تو راستہ ہوگا.... کوئی تو راستہ ہوگا'' کچھ دیر بعد اسے آواز آئی ''دل سے پوچھو کہ وہ ہی تو زندگی کی علامت ہے، شاید اپنی دھڑکنوں میں کہیں کوئی بھولی بسری خوشی چھپائے بیٹھا ہو....'' مگر شاید دیر ہو چکی تھی.... ڈاکٹر نے آرام کرسی پہ دراز کریم الدین کی نبض پر سے ہاتھ ہٹا کر مایوس نگاہوں سے مڑ کر اس کی بیوی کی طرف دیکھا جو ایک کونے میں دوپٹے کا کونا منہ میں لیے رو رہی تھی۔''
——اکیسویں صدی کی موت

وہ حیران ہوتا ہے کہ میکانیکی محل انسان کو کہاں سے کہاں لے جاتا ہے۔ وہ انسان کے مشین بن جانے، اس کی جبلت، اس کی درندگی یہاں تک کہ اس کی

یکسانیت سے بھی گھبرا اٹھتا ہے۔

کیوں کہ وہ زندگی کا طلبگار ہے اور وہ جانتا ہے کہ انسان جینا سیکھ لے تو یہ کوئی مشکل کام نہیں۔ اس کے سامنے the old men and the sea جیسی ہزاروں مثالیں ہیں۔ کیونکہ انسان اشرف المخلوقات پیدا ہوا ہے اور وہ بڑے بڑے طوفانوں سے ٹکرا کر فاتح ہونا جانتا ہے۔ لیکن موجودہ وقت میں بدلے بدلے ہوئے انسانوں کا تصور اسے گوارا نہیں۔ اور اس لیے بلند کا قلم انسانیت کو تلاش کرتے ہوئے مذہب اور انسانیGenes کی ترتیب تک پہنچنا چاہتا ہے۔

> ''کوئی کچھ بھی کہے مگر سچ تو یہی تھا کہ اس میں علی بخش کا کچھ بھی قصور نہیں تھا وہ تو اور مردوں کی طرح اپنے باپ کے y کروموسوم اور ماں کے x کروموسوم سے مل کر ہی بنا تھا۔ خلیوں کی تقسیم بھی درست تھی اور نیوکلیس کے ملاپ بھی۔ جینز Genes کی ترتیب بھی سہی تھی اور ایلیز Alleles کی ساخت بھی۔ بس کوئی آوارہ کوانزائیمCo-Enzyme تھا جو عین وقت پر میٹابولزم Metabolism میں حصہ نہ لے سکا اور بنا آواز کے اپنے ارتقاء سے ہی خارج Delete ہو گیا اور علی بخش کے سیکس ہارمونز کے رسپٹرز Receptors کی شکل بدل گیا۔ اس قیامت کا نہ تو علی بخش کو ہی پتہ چلا اور نہ ہی اس کے باپ مولوی کریم بخش کو۔''
>
> — میوٹیشن

پاکیزہ مذہبی ماحول میں آنکھیں کھولنے والے علی بخش کے کردار کو اس سطح پر دیکھنے کی کوشش اردو تو کجا شاید کسی اور زبان میں بھی نہیں ہوئی۔ حالانکہ اب بڑے سے بڑے کرائم پر بھی ڈس بیلنس، یا رمونل ڈسپلنس جیسی وجوہات پر بھی غور کیا جانے لگا ہے۔ میوٹیشن کے بہانے انسان کے ارتقائی عمل کو گہرائی سے دیکھنے کا کام وہی

کرسکتا تھا جس کا مطالعہ اچھا ہو اور جو قوت مشاہدہ بھی رکھتا ہو۔ عام لکھاڑیوں کی طرح بلند انسانی کیفیت کی اوپر اوپر عکاسی کر کے محض وقت برباد نہیں کرتے بلکہ وہ اختصار نویسی کے باوجود ماڈرن انکشافات سے گزرتے ہوئے پوسٹ مارٹم کرنا بھی ضروری سمجھتے ہیں۔

ان کہانیوں میں ایک نئی دنیا آباد ہے۔ اور یہ کہانیاں پہلی قرأت میں اپنے مفہوم کو واضح نہیں کرتیں۔ ہاں دوسری قرأت میں جب کہانی طلسم ہوشربا سے باہر آتی ہے تو زندگی کے کسی نئے فلسفے کو جاننے جیسی حیرت ہمارے پاس ہوتی ہے۔ ہم اس کی تحریر سے وقتی طور پر زخمی بھی ہوتے ہیں پھر اچھے انسان کی طرح دھند میں راستہ بھی دکھائی دینے لگتا ہے اور یہی بلند کا کمال ہے۔

میں اس طرح کے بیکار محض بیانوں میں نہیں الجھتا کہ بلند میں امکانات ہیں یا بلند کو ابھی بہت آگے جانا ہے بلکہ سچ یہ ہے کہ بلند اپنے پاؤں تخلیق کے اس بنجر ریگستان میں رکھ چکے ہیں جہاں قدم رکھنے والے تو ہزاروں ہیں لیکن کامیاب ہونے والے دو چند۔ بلند ان لوگوں میں شامل ہیں جو قلم کی ذمہ داری کو نہ صرف محسوس کرتے ہیں بلکہ یہ بھی جانتے ہیں کہ کہانی لکھنے کا ایک انٹرنیشنل فریم ورک بھی ہے۔ اس لیے کہانی کے ساتھ کھلواڑ ناممکن ہے۔ ضرورت اس بات کی ہے کہ بلند کو پڑھا جائے۔ ماڈرن سائنس، تکنالوجی اور نئی تہذیبوں کے درمیان سے، وہ اپنی کہانیوں میں کچھ کارآمد موتی تلاش کرنے کی کوشش کررہا ہے تو اس کا فائدہ ہماری غریب زبان کو ہی ہوگا۔ اور بلا شبہ بلند نے تخلیق کا حق ادا کیا ہے اور مختصر کہانیوں سے ادب کے اس ایورسٹ تک پہنچنے کی کوشش کی ہے جہاں بہت کم لوگ جانے میں کامیاب ہوتے ہیں۔

تو شاہیں ہے پرواز ہے کام تیرا
ترے سامنے آسماں اور بھی ہیں

وائٹ ہول

گلاس میں رکھی ہوئی برف کچھ دیر کے لیے کانپی اور پھر قطرہ قطرہ پگھل کر گلاس کے پانی میں اُترنے لگی اور اُس کی گرمی کو دھیمے دھیمے کم کرنے لگی۔ کچھ ہی لمحوں میں پانی کے بخارات گلاس کی سطح سے پھسل کر اُس کے اردگرد کی گرم ہوا میں شامل ہونے لگے اور پھر برف، پانی اور ہوا میں ایک نامعلوم توازن کے حصول کی کوشش شروع ہوگئی ۔اچانک سورج کی ایک انجانی کرن اپنی ست رنگی سہیلیوں سے ہاتھ چھڑا کر نکلی اور چھت کی کوارڑوں سے گزر کر کمرے کی سرد ہوتی ہوئی ہوا سے ٹکرائی مگر گلاس کی برف تک پہنچنے سے پہلے ہی اپنی حرارت کھو بیٹھی اور اپنی سہلیوں کو اپنی یاد میں رونے کے لیے تنہا چھوڑ گئی۔ کمرے کی دیوار پر ٹنگی ہوئی گھڑی کی سوئیوں نے وقت کے سنگ اپنے پیار کے سفر میں چند لمحے اور طے کیے اور ایک کربناک ٹک ٹِک کے ساتھ کائنات کے بلیک ہول کی جانب اپنے سفر کو "انٹراپی (entropy) کے توازن کے ساتھ جاری رکھا۔ایسے میں اچانک وقت کی بے لگام دوڑتے ہوئی ساعتوں کے سامنے نوے سالہ بوڑھا رحمان اپنے دونوں کپکپاتے ہاتھوں کو پھیلا کر کھڑا ہوگیا اور پھر اپنی ایک مٹھی میں اپنی پیاری آمنہ اور دوسری میں گزرتے ہوئے لمحوں کی چاپ کو سمیٹ کر مستقبل کے" بلیک ہول کے بجائے ماضی کے وائٹ ہول کی طرف اُنہیں

ڈھکیلنے لگا۔۔ "وائٹ ہول جس کے اندر جانے کا کوئی راستہ نہ تھا مگر باہر نکلنے کا راستہ چاروں سمتوں سے کُھلا ہوا تھا۔

اُس دن دماغی امراض کے ہسپتال کے بوسیدہ اور پُرانے کمرے کے ایک پلنگ پر پڑی آمنہ کی بوڑھی آنکھوں میں اُس کا محبوب رحمان کہیں بھی نہیں تھا۔نوے سالہ رحمان جس کے بدن کے ڈھانچے میں دھرا پھٹا پُرانا دل اپنی ہر ایک دراڑ میں پچھلے ساٹھ برسوں سے آمنہ کو بسائے ہوا تھا۔گزرتے لمحوں کا ایک ایک پل رحمان کی نسیان میں وقت کی دھول سے اٹا ہوا تھا اور وہ کسی نو سالہ بچے کی طرح پھونک کر اُس دھول کو اُڑا رہا تھا اور ایک ایک یاد کو اپنے کھوئے ہوئے کھلونوں کی طرح دل کی الماری میں سجا رہا تھا۔ اُسے بس ایک ہی خوف تھا کہ کہیں اُس کی ذرا سی بد احتیاطی آمنہ اور اُس کے پیار میں گزرے ہوئے لمحوں کی یاد کو وقت کی اُڑتی ہوئی گرد کے ساتھ نہ اُڑا دے۔ کچھ ہی دیر میں اُس کی بند پلکوں کے پیچھے دونئ آنکھیں کُھل گئی اور ماضی کے ہر ایک لمحے کو اپنے دامن میں سمیٹنے لگی۔ایک کے بعد ایک منظر بدلتے گئے اور دیکھتے ہی دیکھتے وقت آگے اور پیچھے دوڑتے ہوئے لمحوں کے درمیان فاصلہ سا بننے لگا۔دونوں طرف کے لمحات اپنی بندھی ہوئی انگلیوں کے درمیان ایک خوبرو نوجوان کی بانہوں میں اُس کی شرمیلی سی دلہن کو پا کر اُسے محبت اور قربت سے بھرنے لگے۔

آمنہ رحمان کی محبت تھی۔ وہ اُس کے لیے جسم سے زیادہ محبت میں ڈھلا ہوا ایک احساس تھی۔ آمنہ سرتاپا محبت بن کر جو نوجوان رحمان کی دھڑکن میں شامل ہوئی تو وقت بھی لمحوں کے حساب کتاب میں کچھ پیچھے رہ گیا اور کپکپاتی سوئیوں کی میکانیت کو بھول کر اُن دونوں کے دھڑکنوں میں دھک دھک بن اُتر گیا۔ساٹھ برس قبل جب آمنہ سے اُسکی پہلے پہل نظر ملی تھی تو اُس نے رونا چھوڑ دیا تھا کہ کہیں کوئی آنسو اُس کی

آنکھوں سے آمنہ کی تصویر کو بہا کر نہ لے جائے۔ اُس نے بولنا چھوڑ دیا تھا کہ کہیں کوئی لفظ اُس کے لبوں سے آمنہ کے نام کو چُرا کر اُسے محبت کے بجائے کوئی دوسرا نام نہ دے دے۔ آمنہ اُس کے ہونٹوں میں کسی مُسکان کی صورت سمٹ گئی تھی۔ وہ اُس کی آنکھوں میں روشنی کے دیے بن کر جل اُٹھی تھی۔ وہ اُس کے بدن کی حرارت میں زندگی کی صورت بس گئی تھی۔

گزرتے وقتوں کی ہر ایک چاپ میں آمنہ ایک انسان کے بجائے احساس کی شکل میں رحمان کے رگ و پے میں بس گئی تھی اور رحمان اُس احساس کو اپنی دھڑکنوں میں بسا کر زندگی کے سخت پتھریلے راستوں کو مسکرا کر طے کر رہا تھا۔ یہ محبت بھی اپنی سوغات کو دونوں ہاتھوں میں بھر بھر کر رحمان اور آمنہ کی زندگی میں دن رات خوشیاں نچھاور کر رہی تھی۔ اُن کا پیار سے بنایا ہوا ایک چھوٹا سا گھر تھا جس کی در و دیوار پر لپٹی ہوئی عشق و پیچا کی بیلیں اُن کی عاشقی کے پھولوں سے مہکتی تھی۔ در و دیوار سے آنگن تک کا راستہ گئے ہوئے وقتوں کی چاپ اور آنے والے حسین وقتوں کی ان گنت نشانیوں سے بھرا پُرا تھا۔ آنگن میں گونجتی ہوئی اُن کے بچوں کی کھلکھلاتی ہوئی بے ساختہ ہنسی اور اُن دونوں کے لبوں پر پھیلی ہوئی مسکراہٹوں میں ہر ایک گزرا ہوا لمحہ رچا بسا تھا۔ نو جوانی سے جوانی اور پھر بڑھاپے تک کا سفر اپنے قدموں کے نشان لیے گھر کے کونے کونے میں بسے ہوئے مہک رہے تھے۔ رحمان اور آمنہ کی محبت کے لیے تو وقت کبھی بھی آگے نہ بڑھ پایا تھا مگر پھر اُن کے جسم ایک دن بوڑھے ہو گئے۔ اور پھر اُس دن رحمان کا بھرم ہی ٹوٹ گیا جب اچانک آمنہ کی آنکھوں سے وہ گُم ہو گیا۔

ڈاکٹرز نے آمنہ کے نسیان کے مرض کو Dementia کا نام دیا تھا اور اُس کی گرتی ہوئی دماغی صورت حال کے خاطر ہسپتال میں داخل کر لیا تھا۔ جہاں اب وہ زندگی کے آخری لمحوں کا انتظار کر رہی تھی اور چپ چاپ اپنے سامنے صوفے پر دھری اپنی

ساٹھ سالوں پر محیط محبت، رحمان کو انجان نظروں سے دیکھ رہی تھی اور پہچاننے کی مسلسل کوشش کر رہی تھی۔ اُدھر بوڑھا رحمان جو بظاہر صوفہ پر اپنی آنکھیں بند کیئے لیٹا تھا دراصل اپنے دونوں ہاتھوں کو پھیلا کر اُس گزرتے ہوئے وقت کے سامنے سینہ سپر دتھا جو فطرت کے سامنے سر جھکائے اپنے یک طرفہ راستے پر سرپٹ گھوڑوں کی طرح دوڑ رہا تھا۔ایک ایسے راستے پر جس کی منزل، مستقبل کا بھیانک بلیک ہول تھی۔۔۔۔بلیک ہول جس سے باہر نکلنے کا کوئی راستہ نہ تھا۔ جو وقت، روشنی اور مادے کو ہمیشہ کے لیے اپنے اندر سمیٹنے کے خاطر اپنا عفریتی منہ کھولے چاروں سمتوں سے انتظار کر رہا تھا۔

اچانک پگھلتی ہوئی برف کا آخری قطرہ بھی گلاس کے پانی میں اُتر گیا اور اپنی ٹھنڈک سے بے نیاز ہو کر پانی کی گرمی میں کھو گیا۔ گلاس کی سطح پر جمع بخارات کمرے کی گرم ہوا میں جذب ہو کر اُسے خشک کر گئے۔ سورج کی ست رنگی کرنیں اپنی سہیلی کا غم بھول کر قوس وقزاح سے بدل گئی۔ کمرے کی دیوار پر ٹنگی گھڑی کی سوئی نے وقت کے سنگ اپنے پیار کے سفر میں چند اور ساعتیں طے کی۔ رحمان نے کپکپاتے ہاتھوں سے آمنہ کی سرد انگلیوں کو دھیمے سے تھاما اور اپنے دل کی ہر ایک دھڑکن کو اُس کی دھڑکن میں پیار سے اُتار کر ماضی کے روشن کنوؤں کی منڈیروں پر آکر بیٹھ گیا۔ گھڑی کی ٹک ٹک اُس کے اور آمنہ کے دلوں کی دھک دھک کے ساتھ الجھ کر اُلٹے قدموں چل رہی تھی۔ آمنہ انجان نظروں سے اُسے تک رہی تھی کہ اچانک اُس کے سوکھے لبوں پر وہی مُسکان پھیل گئی جو بند آنکھوں سے پرے رحمان کے ہونٹوں پر سجی تھی۔ رحمان کی آنکھیں بند تھیں مگر اُس کے اندر کی طرف کھلی آنکھوں میں آمنہ کی محبت کے دیے بھڑک رہے تھے۔اُن دیوں کی روشنی میں وہ اور آمنہ گزرتے وقت کے لمحوں کے خلاف اپنے ماضی کی طرف رواں تھے جہاں اُن کی منزل، وائٹ ہول اُن کا انتظار کر

رہی تھی۔ وائٹ ہول جس میں جانے کا راستہ وقت، روشنی اور مادے کے لیے تو بند تھا مگر۔۔ محبت کے لیے کھلا ہوا تھا۔

---

*Entropy is the thermodynamic property toward equilibrium/average/homogenization/dissipation: hotter, more dynamic areas of a system lose heat/energy while cooler areas (e.g., space) get warmer / gain energy; molecules of a solvent or gas tend to evenly distribute; material objects wear out; organisms die; the universe is cooling down. In the observable universe, entropy - like time - runs in one direction only (it is not a reversible process).

*White & Black Hole: , in general relativity, is a hypothetical region of spacetime which cannot be entered from the outside, but from which matter and light have the ability to escape. In this sense it is the reverse of a black hole, which can be entered from the outside, but from which nothing, including light, has the ability to escape. White holes appear in the theory of eternal black holes. In addition to a black hole region in the future, such a solution of the Einstein field equations has a white hole region in its past

بدلتے چہرے

لیمپ جونہی روشن ہوا تاریکی چاروں جانب پھیل گئی۔ محمد عرفان کچھ دیر تک تو یونہی میز پر رکھی تاریخ کی کتاب کے صفحوں کو ٹٹولتا رہا مگر پھر تاریخ کا حصہ بننے کے لیے اُس کے اندھیرے میں اُترتا چلا گیا۔ کچھ ہی دیر میں اُسے لگا جیسے اُس کے گرد تاریکی اور بھی گہری ہوتی جارہی ہے۔ جیسے جیسے وہ پڑھتا گیا کتاب میں لکھے ہوئے الفاظ انسانی لہو سے رنگ کر نمایاں ہونے لگے۔ اُس کو یوں لگا جیسے کتاب کے ہر صفحے کی تحریر دراصل اُس کا اپنا ہی قصہ ہے۔ جوں جوں وہ کتاب پڑھتا گیا لفظ اُس میں سے نکل کر کسی جونک کے مانند اُس سے چمٹ جاتے اور اُس کا خون چوسنے لگتے اور پھر کچھ ہی دیر میں وہ اُس میں شامل ہو کر اُسے ایک خون آلود مقتول سے بدل دیتے۔

ایک بار جو اُس نے صفحہ پلٹا تو اچانک وہ رومن امپائر کے ایک عام سے قیدی میں بدل گیا جسے موسیٰ کے نام پر یہودی

دی گریٹ ری وولٹ (First Jewish–Roman War) کے دوران پکڑ کر بے رحمی سے زبح کر رہے تھے۔ یکایک اُسے لگا جیسے وہ تاریخ پڑھنے والا محمد عرفان نہیں بلکہ وہ مظلوم رومن ہے جو موسیٰ کے ماننے والے لوگوں سے چاروں طرف سے گھر گیا ہے اور موسیٰ کی پیاسی تلوار اپنے خداوند کے خاطر اُس کی اور اُس کے قبیلے کے ایک ایک انسان کے خون کا بلیدان مانگ رہی ہے۔ نیزے، تلواروں، چھریوں اور کلہاڑیوں سے ٹپکتا ہوا تازہ انسانی لہو اُن مردوں، عورتوں، بچوں اور بوڑھوں کی کٹتی

گردنوں سے رنگ کر موسیٰ کے خدا کے چہرے کو بھی لال کرر ہاتھا۔ اچانک ایک یہودی سپاہی کی خون کی پیاسی تلوار ہوا میں لہرائی اور محمد عرفان کو لگا جیسے اُس کا سر تلوار کی دھار کا ایک حصہ بن کر اُس کے دھڑ کو ہمیشہ کے لیے چھوڑ کر چلا گیا ہے۔ اُس کا خون فضاء میں جو بکھرا تو اُسے لگا جیسے تاریخ کی کتاب میں موسیٰ کا نام اُس کے خون میں نہا کر سُرخ ہو گیا ہے۔ پسینہ میں شرابور محمد عرفان نے گھبرا کر تاریخ کے صفحات سے نظریں اُٹھائی اور اپنی گردن پر ہاتھ پھیر کر اُس کی موجودگی کا خود کو یقین دلانے لگا۔

کچھ دیر بعد اُس نے ایک گہری سانس لی اور کرسی سے اُٹھ کر کمرے کی دونوں کھڑکیوں کے پٹ کھول دیے تاکہ ہوا کا تازہ جھونکہ کمرے کے حبس کو کم کر سکے۔ یوں بھی برما میں جون جولائی کی گرمیاں آسمان سے آگ برسا رہی تھی۔ آراکان کا حال تو اور بھی بُرا تھا وہاں تو جیسے زمین بھی آسمان کی گرمی سے دہک کر اب ٹھنڈا ہونے کو ترس رہی تھی مگر بارش کا دور دور تک پتہ نہیں تھا۔ محمد عرفان کا گھر ویسے بھی غربت کا ایک نشان تھا۔ اُس بے روزگار تاریخ کے استاد کے گھر میں کتابوں کے ڈھیر کے سوا کیا دھرا تھا۔ کچی اینٹوں کی دیواروں کا مکان جس کی چھت بھی ٹین کی تھی اور دروازے بھی کچی لکڑی کے جو کسی بوسیدہ تاریخ کی کتاب کی طرح دیمک کی غذا بن چکے تھے۔ محمد عرفان نے گہری سانس لی اور پھر کھلی ہوئی کھڑکی کے ٹوٹے ہوئے پٹ سے باہر جھانکا۔ دور کہیں اندھیرے میں چمگادڑوں کے پھڑ پھڑانے کی

آوازیں سُن کر اُس نے کھڑکی پر پھیلے پھٹے پُرانے پردوں کو پھیلا دیا اور پھر دوبارہ میز کرسی پر آ بیٹھا۔

کتاب کے صفحات کھڑکی سے آنے والی گرم ہوا کی زد میں آ کر ایک کے بعد ایک پلٹتے جا رہے تھے۔ اُس نے اچانک ایک صفحہ پر ہاتھ رکھ دیا اور پھر چند سطروں پر انگلی پھیر کر پڑھنے لگا۔ جوں جوں اُس کی نظر لفظوں کے عفریت کا شکار ہوئی اُس کی

آنکھیں خوف سے پتھرانے لگیں۔ یکا یک اُسے لگا جیسے وہ فرانس کے شمال میں واقع ایک چھوٹے سے گاؤں بے ژیر میں ہے جہاں برما کی طرح جون جولائی کا موسم ہے مگر تاریخ آٹھ سو برس پُرانی ہے۔ اُس نے دیکھا عیسائی ملٹری کمانڈر سیمن ڈی ماونٹ اپنی وحشتناک فوج سے

بے ژیر میں بسے ہوئے معصوم مردوں، بچوں، عورتوں اور بوڑھوں کے جسم کی بوٹیاں نوچ رہا ہے۔ اُس کے عیسائی سپاہیوں کے نیزے، تلوار اور چھریاں وہاں بسنے والے انسانوں پر اس بے دردی سے چل رہی تھیں کہ اُسے اپنی آنکھوں میں اُمڈتے آنسوؤں کی وجہ سے سیمن ڈی ماونٹ کی وحشت میں کبھی کسی درندے کی دہشت نظر آتی تو کبھی عیسیٰ کی محبت دکھائی دیتی تھی۔ ایک بار تو اُس نے ایک عجیب ہی منظر دیکھا اُسے لگا جیسے سیمن ڈی ماونٹ، عیسیٰ کی چھوڑی ہوئی صلیب پر بے ژیر کے معصوم لوگوں کو لٹکا رہا ہے اور خود عیسیٰ اُس کی وردی پہنے بے ژیر کی گلی کوچوں میں گھوم رہا ہے۔۔ مگر پھر اُس نے اپنی آنکھوں سے آنسوؤں کو پونچھا اور تاریخ کی کتاب کے صفحوں کو بے دلی سے پلٹنے لگا۔

اچانک ایک صفحے کو محمد عرفان نے پلٹا تو اُس کے ذہن میں ایک زوردار دھماکہ ہوا اور پھر اُس کے جسم کے لوتھڑے ہوا میں بکھر گئے۔ اُس کے خون میں لتھڑا ہوا سر دھڑ سے ٹوٹ کر مسجد کے صحن سے لڑھکتا ہوا وضوخانے کی دیوار پر ٹکرایا اور پھر ایک کونے میں ساکت جا پڑا۔ اُس کی کھلی ہوئی بے جان آنکھیں وضوخانے کے نلکوں کو تک رہی تھیں اور سوچ رہی تھیں 'یہ تو اسی صدی کا قصہ ہے، شائد اسی دہائی کا، یہ کونسی جگہ ہے، شائد کابل یا پشاور، یا شائد کراچی یا لاہور؟' اُس نے خود سے سرگوشی کی 'میں کون ہوں؟ شائد سُنی یا شعیہ یا پھر کوئی احمدی؟' اُس نے خود سے پوچھا 'مجھے کیوں مار دیا گیا، میری کس سے دشمنی تھی، آخر کون تھا میرا قاتل، وہ جو خودکُش بم اپنے جسم سے باندھ کر مسجد

میں گھسا تھا جہاں میں ایک کونے میں بیٹھا چپ چاپ نماز پڑھ رہا تھا، کیا وہ میرا قاتل تھا؟ مگر اُس کی شکل تو مجھ ہی جیسی تھی، وہی نورانی چہرہ، وہی ڈیڑھ مُٹھی داڑھی، وہی سر پر ٹوپی اور پیشانی پر چراغ اور ٹھیک ایسا ہی تو میری شکل بھی تھی۔ میری طرح وہ بھی تو محمد کی سنت پر تھا۔ اُن کی طرح صافہ، داڑھی، مسواک اور اوڑھنا بچھونا، جب سب کچھ اُن کی طرح ہی ہے تو پھر؟' اچانک اُسے سخت متلاہٹ محسوس ہوئی اور اُس نے جھٹکے سے کتاب کو بند کر دیا مگر کتاب کا آخری صفحہ پلٹنے سے رہ گیا اور کتاب کھُلی رہ گئی۔۔

یکا یک محمد عرفان کے گھر کا پچھلا دروازہ زور زور سے بجنے لگا، اُس نے جھنجلا کر دروازے کی طرف دیکھا مگر اِس سے پہلے کے وہ دروازہ کھولتا چند لوگ کھلی ہوئی کھڑکی سے کود کر اُس کے گھر میں گھُس آئے اور اُس کو وحشیانہ انداز میں مارنے لگے۔ ایک لمحے کے لیے تو اُسے یوں لگا جیسے جو کچھ اُس کے ساتھ ہو رہا ہے وہ تاریخ کی کتاب کا ہی کوئی واقعہ ہے مگر جلد ہی ساری کھنچا تانی اور مار پیٹ سے اُسے یقین ہو گیا کہ اس بار وہ کتاب کے اندر سے باہر آنے کے بجائے باہر سے کتاب میں شامل ہو کر اوروں کی طرح تاریخ کی کتاب کا تاریک حصہ بننے والا ہے۔ اُسے لگا جیسے اِس بار اُس کے خون سے تاریخ کے اگلے صفحے کے لفظ رنگے جائیں گے۔ اس خیال کے آتے ہی اُس کا دل بیٹھ گیا اور وہ مارے خوف کے کانپنے لگا۔ دیکھتے ہی دیکھتے اُن حملہ آور میں سے ایک نے اُس کے ازار بند کو کھینچا اور پاجاما اُتار کر اُس کی مسلمانی کو حقارت سے دیکھ کر اُس پر تھوک دیا اور پھر بٹی ہوئی رسیوں سے اُس کے ہاتھوں پیروں کو اچھی طرح سے کس دیا۔ یہ سب کچھ اس قدر تیزی سے ہوا کہ اُسے لگا جیسے وہ اُس کے عقیدے کے سبب اُس سے سخت نفرت کرتے ہیں اور اُسکے ناقص وجود سے جتنی جلد ممکن ہو اپنی دنیا کو پاک کر دینا چاہتے ہیں۔ اور پھر جس رسی سے اُنہوں نے اُس کے ہاتھ پاؤں باندھے تھے اُسی کے ایک سرے کو کھینچ کر اُنہوں نے اُس کی

گردن کے ارد گرد لپیٹا اور پھر دوسرے سرے کو چھت پر ٹنگے پنکھے سے باندھ کر اُس کے جسم کو جھٹکے سے ہوا میں لٹکا دیا۔

پھانسی سے قبل محمد عرفان کا دل وحشت کے مارے حلق میں اُتر آیا تھا۔ بس ایک لمحے کے لیے کچھ روشنی آخری بار اُس کی خوفزدہ آنکھوں کے سامنے کوندی تھی۔ اُس نے دیکھا میز پر دھری کتاب کے اگلے صفحے کے لفظ برما کی خون آلود تاریخ سے رنگ کر سُرخ ہو گئے تھے۔ اُس نے دیکھا کہ اب تک کے اُس کے سارے قاتل دراصل ایک ہی جیسی شکلوں کے تھے۔ وہ سارے کے سارے گنجے تھے اور گول منہ والے شیطان دکھائی دیتے تھے۔ اُن کے ننگے بدن پر سورج کی روشنی جیسا اُجلا غلاف تھا مگر ایک تاریک روشنی اُن سے پھوٹتی تھی۔ اُن سب کی آنکھوں میں دہکتے ہوئے انگارے تھے اور دانتوں پر تازہ خون تھا۔ وہ زندہ آنکھوں سے تو اُسے اپنے اپنے نبیوں کے چیلے لگ رہے تھے مگر جونہی اُس کا دم نکلا تو اُن سب کی بھیانک شکلیں اُن جیسی معصوم شکلوں سے بدل بھی جاتی تھی۔

رام محمد دہریہ

کچھ دیر تک تو سجدہ ریز رہ کر دین محمد اپنے رب کو یونہی یاد کرتا رہا مگر پھر دوزانوں ہو کر جائے نماز پر بیٹھ گیا اور ایک گہرے کرب کے ساتھ اپنی بند آنکھوں میں اُس کے کھوئے ہوئے عکس کو پھر سے ڈھونڈنے لگا مگر جب اُسے کچھ بھی نظر نہیں آیا تو بے چین ہو کر آنکھیں کھول دی۔ ایک لمحے میں اُسے یوں لگا جیسے سُندر کماری سیتا کا حسین چہرہ اُس کی پلکوں سے اُتر کر پتلیوں پر آکر ٹھیر گیا۔ دین محمد نے کئی بار پلکیں جھپکائیں مگر سیتا کی دل نشین مسکراہٹ یونہی اُس کی نظروں کے سامنے منظر بنی رہی۔ دین محمد نے پلٹ کر دیکھا تو کمرے کے دوسرے کونے میں اُس کی پیاری سیتا اپنے سامنے دھری بھگوان کی مورتی کو بھول کر سارے جہاں کا پیار سمیٹے یک ٹک نظروں سے اُسے تک رہی تھی۔ پل بھر میں اُسے لگا جیسے سیتا بھی اُس کی طرح اپنی پلکوں میں دین محمد کی شبیہ سجائے بیٹھی ہے۔ یہ دیکھ کر دین محمد دھیمے سے جائے نماز سے اُٹھا اور پیار سے سیتا کے دونوں ہاتھوں کو تھام کر اُس کو اپنے گلے سے لگا لیا۔ کچھ دیر میں اُسے لگا جیسے سیتا نے اُس کا ہاتھ اپنے شانے سے ہٹا کر اپنے پھولے ہوئے پیٹ پر لگایا اور اُس کے کان میں مسکرا کر سرگوشی کی۔۔۔سنو جی تم ٹھیرے دین محمد اور میں تمھاری سُندر کماری سیتا تو پھر یہ تمھاری اور میرے پیار کی نشانی کیا ہوئی بھلا۔۔؟ دین محمد نے یہ سن کر سیتا کو پیار سے اپنی بانہوں میں بھر لیا اور پھر اُس کے نرم ہونٹوں پر اپنے ہونٹ رکھ کر اپنی

آنکھیں دھیمے سے بند کرلیں اور کچھ دیر کے لیے اپنے ماضی میں کھو گیا۔۔۔

وہ دن بھی تو غازی پور کے اور دنوں جیسا ہی تو تھا جس دن سُندر کماری سیتا کو دین محمد نے پہلی پہلی بار دیکھا تھا۔ اُسے یاد آیا اُس دن بھی تو وہی سورج اُتم سے نکلا اور پچھّم میں غروب ہوا تھا۔ اُس دن بھی تو آوارہ ہوائیں ہمیشہ کی طرح بگولے بن کر اُٹھیں تھیں اور سارے غازی پور میں دھول اُڑا کر زمین پر رینگ رہیں تھیں۔ اُس دن بھی تو آسمان ہمیشہ کی طرح بادلوں میں چاند کو چُھپا کر انجان نظروں سے زمین کو تک رہا تھا۔ جس دن سُندر کماری سیتا اپنے باپ پنڈت رام کمار کے ساتھ پہلی بار اُسے بازار میں نظر آئی تھی اور پھر دین محمد کو یوں بے تاب نگاہوں سے اپنے میں کھویا ہوا پا کر اپنے باپ سے نظریں بچا کر اُسے ایک حسین مسکراہٹ دے گئی تھی۔ اُسی دن تو دین محمد کو پتہ چلا تھا کہ جب سُندر کماری سیتا مسکراتی ہے تو اُس کے گالوں کے گڑھے شرما جاتے ہیں اور ایسے میں اُس کی آنکھوں کی شرارت سے اُس کے جادوئی سیاہ دیدے گھبرا جاتے ہیں۔ اُور اُس دن دین محمد کو یہ بھی پتہ چلا تھا کہ سیتا کی آوارہ زلفوں کی چھیڑ خانی ، اُس کے کنوارے ہونٹوں کی نازک پنکھڑیوں کو بے ساختہ ہنساتے ہیں۔ اُسی دن سُندر کماری سیتا کی مسکراہٹ نے وہ پیار کی آگ دین محمد کے من میں لگائی تھی کہ پل بھر میں دین محمد کا ایمان تار تار ہو کر کسی عاشق کے محبوبانہ دل کی طرح اُس کی محبت سے بھر گیا تھا۔

پھر وہی ہوا تھا جس کا خدشہ تھا۔ دین محمد کی ساری مذہبی انا اور سارے مردانہ غرور کی کثافتیں پل بھر میں دھوئیں کی طرح ہوا میں مل کر ٹھنڈی اور لطیف ہوگئی تھی۔ کہاں تو دین محمد کا یہ حال تھا کہ اُس کی ٹوپی سر سے نہیں سرکتی تھی اور سر وضو کے پانی سے بھیگا رہتا تھا اور اب یہ حال ہو گیا کہ سیتا کی محبت میں اُس کے ایمان اور پیار کا دھرم کچھ اِس طرح آپس میں مل گئے کہ وہ جب جب عشقِ خداوندی میں اپنی پلکیں جھپکاتا سُندر

کماری سیتا کا سراپا اپنے حسین قد و خال کے ساتھ اُس کی آنکھوں میں اُتر آتا اور اُس کی آنکھیں محبت سے بھر جاتی۔ ایسے میں دین محمد کا دل سیتا کی محبت میں یوں ڈوب جاتا کہ پھر اُس کے بعد اُس کی کوئی نماز ہوتی اور نہ ہی قضاء۔۔ وہ جو نیت باندھتا تو سیتا کا سراپا سرسراتا ہوا پلکوں کی چلمن کو سرکا کر اُس کی نظروں کے پردوں پر اُتر آتا۔ وہ جو رکوع میں جاتا تو سیتا کا سراپا آنکھوں سے اُتر کر سینے میں دھڑکتا ہوا ملتا اور وہ جو سجدہ بجالاتا تو سندر کماری سیتا کے سراپا مجسم کو اپنے دل کے نہال خانوں میں بسا ہوا پاتا۔ آہستہ آہستہ دین محمد کو یقین ہوتا جا رہا تھا کہ جیسے اُس کی ساری عبادتیں محض سُندر کماری سیتا کے حصول کے لیے ہی رہ گئی ہیں۔ بس ایسے میں ایک ہی خیال تھا جو اُسے پسینہ پسینہ کر دیتا تھا کہ۔۔ سیتا ایک ہندو ناری ہے!

ہوا جو تیز چلی تو پل بھر میں چنگاری بھڑکتی چلی گئی اور پھر محبت کی آگ میں سُندر کماری سیتا کے دن رات بھی جلنے لگے۔ پہلی بار تو وہ دونوں غازی پور کے سارے باسیوں سے چُھپ چھپا کر مسجد کے پچھواڑے میں ملے اور دوسری بار مندر کی سیڑھیوں پر۔ پھر جوں جوں اُن کی ملاقاتیں بڑھیں اُن کے ملن کی خبر جنگل کی آگ کی طرح سارے غازی پور میں پھیل گئی۔ غازی پور بھی کونسا غیر روائتی گاؤں تھا۔ وہی رنگ، نسل اور مذہب کی دھول میں اٹے ہوئے لوگ تھے۔ وہی نفرتوں سے بٹے ہوئے لوگ تھے۔ تو پھر وہی ہوا جو ہر محبت کی کہانی میں ہوتا ہے۔ وہ اور سُندر کماری سیتا راتوں رات غازی پور سے بھاگے اور تین سو کوس دور رانی پور میں آبسے۔ رانی پور کے مندر میں دین محمد نے سیتا کے گلے میں لگن کے ہار ڈال دیے۔ شادی کے بعد اُس نے اپنا نام دین محمد ہی رہنے دیا اور سیتا نے سُندر کماری سیتا ہی۔ نہ تو سیتا نے اُسے ایمان چھوڑنے کو کہا اور نہ ہی اُس نے سیتا سے دھرم بدلنے کو۔۔ دونوں ہی پیار کے خاطر ایمان بدلنے کو دھرم اور پیار دونوں سے بے ایمانی سمجھتے تھے۔ دیکھتے ہی دیکھتے چند

سال بیت گئے اور پھر ایک دن سُندر رکماری سیتا نے اُس کے کان میں مُسکرا کر سرگوشی کی کہ وہ باپ بننے والا ہے اور پھر اٹھلا کر شکایت کی کہ جب سے میں اور تم ملے ہیں، میں نے مندر اور تم نے نماز چھوڑ دی ہے۔

اچانک سُندر رکماری سیتا نے کسمسا کر دین محمد کے ہونٹوں سے اپنے نرم ہونٹ ہٹائے اور ہنس کر کہا۔۔''اتنا بھی پیار نہ کرو میرا سانس رُکتا ہے جی'' تو دین محمد کی آنکھیں کھل گئی۔۔دین محمد نے آہستہ سے سُندر رکماری سیتا کے پھولے پیٹ پر ہاتھ پھرتے ہوئے کہا'' تم کو پتہ ہے سیتا تمھارے ملنے سے پہلے جب میں نماز پڑھتے سمے آنکھیں بند کرتا تھا تو میری آنکھوں میں خداوند کریم اُتر آتے تھے اور جب آنکھیں کھولتا تھا تو وہ چلے جاتے تھے۔ جب سے تم مجھے ملی ہو میں نماز میں آنکھیں بند کرتا ہوں تو مجھے کچھ نظر نہیں آتا اور جب آنکھیں کھولتا ہوں تو صرف تم ہی تم نظر آتی ہو۔'' سُندر رکماری سیتا نے یہ سُن کر کہا'' دین محمد تمھیں پتہ ہے میرے ساتھ بھی ایسا ہی ہوتا ہے۔ مجھے تو لگتا ہے شائد ہم دونوں ہی دہریے ہوگئے ہیں۔'' دین محمد نے یہ سُن کر مسکرا کر سیتا کو دیکھا اور پھر اُس کے قدموں میں بیٹھ کر اُس کے پھولے ہوئے پیٹ کو چوم کر شرارتی نظروں سے اُسے دیکھتے ہوئے کہا'' تم ابھی مجھ سے پوچھ رہی تھی نہ کہ تم ٹھیرے دین محمد اور میں تمھاری سُندر رکماری سیتا تو پھر یہ تمھارے اور میرے پیار کی نشانی کیا ہوئی بھلا۔۔؟

تو پیاری سیتا یہ ہے میرا اور تمھارا بیٹا اور اِس کا نام ہوگا۔۔۔رام محمد دہریہ

یدِ بیضا

جونہی زینب نے چادر سرکائی ایک بھیانک جلا ہوا چہرہ سورج کی کرنوں میں نہانے لگا۔

اور پھر کچھ ہی لمحوں میں چادر جسم سے سرکتی ہوئی اُس کے پیروں کے اِردگرد ڈھیر ہوگئی۔ زینب کے جا بجا جلے ہوئے کپڑوں سے جھانکتا ہوا سرمئی بدن ایک ایسے حسین چہرے کے مالک ہونے کی گواہی دے رہا تھا جو موسیٰ کے ہاتھوں تیزاب سے جلنے کے بعد کسی سادہ مگر خوبصورت سی تصویر سے یکا یک کسی تجریدی آرٹ کے شاہکار کی شکل میں ڈھل گیا ہو۔ اُس کے چہرے کی جھلسی ہوئی جلد کے پیچھے سے نمایاں ہوتے ہوئے زخم مسلسل خون اور پیپ رس رہے تھے جو اُس کی ہڈیوں کو چھوڑے ہوئے گوشت کے لوتھڑوں سے ملکر سرخ اور پیلے رنگوں کی صورت ناک، ٹھوڑی اور جبڑوں کے کناروں پر جمع ہو گئے تھے اور اب قطرہ قطرہ گردن سے بہہ کر اُس کے جواں سینے کو رنگ رہے تھے۔ اُس کی جلی ہوئی آنکھوں کے دونوں ڈھیلے بہہ کر محض دو خالی جھیلوں کی شکلوں میں ڈھل گئے تھے۔ زینب جو درد سے بے نیاز کھلے آسمان تلے بیچ بازار میں کھڑی تھی اور اب چُپ چاپ بے نور آنکھوں سے موسیٰ کے دو منزلہ گھر کو تک رہی تھی۔

اُدھر موسیٰ اپنے بالائی کمرے کی اُس کھڑکی کی آڑ میں کھڑا تھا جہاں سے چھپ کر

وہ بیچ بازار میں کھڑی زینب کا تماشا دیکھ سکتا تھا۔ موسیٰ کی سُتواں ناک اور کشادہ پیشانی پر پسینے کے قطرے جھلملا رہے تھے۔ اُس کا چمکتا ہوا سرخ وسفید چہرہ کسی اندرونی دباؤ کی وجہ سے سخت تناؤ کا شکار تھا اور سیاہی مائل ہو کر پسینے سے بھیگ کر بھی دہک رہا تھا۔ اُس کے بال پسینے میں بھیگنے کے باوجود گردن کے دونوں اطراف سے نکل کر کسی اطالوی ملاح کی ناؤ کے بادبان کی طرح ہوا میں جھوم رہے تھے۔ موسیٰ کے ایک ہاتھ میں تیزاب کی خالی بوتل اور دوسرے ہاتھ پر ایک جلا ہوا نشان تھا جو شائد زینب پر تیزاب پھینکنے کے دوران اتفاق سے اُس کی ہتھیلی کو بھی جھلسا گیا تھا۔ جونہی موسیٰ کی نظریں زینب کی بے نور آنکھوں سے ٹکرائیں نہ جانے کیوں موسیٰ کو لگا جیسے زینب کی آنکھوں میں بھرا تیزاب اُس کی نظروں کو جھلسا دے گا۔ موسیٰ نے گھبرا کر تیزاب کی خالی بوتل کمرے کے ایک کونے کی طرف پھینکی اور اپنی ہتھیلی کے زخم کو دیکھنے لگا جہاں اُس کی جلد جل کر سُرخ تانبا ہو گئی تھی۔ موسیٰ نے ایک دم اپنی مُٹھی زور سے بند کر لی جیسے اپنے جرم کو مُٹھی میں چھپانا چاہ رہا ہو۔۔ موسیٰ۔۔ جو زینب کا عاشق اُس کا رقیب، اُس کا یار، دشمن، نگہباں، چور سب ہی کچھ تھا یا شاید کچھ بھی نہیں تھا۔ محض ایک مرد تھا جو زینب کو صرف اپنا مال سمجھتا تھا اور عاشق، رقیب، یار، دشمن، نگہباں اور چور بن کر اُسے اپنی لحاف میں صرف اپنے لیے رکھنا چاہتا تھا مگر زینب لحاف سے باہر جینا چاہتی تھی۔ وہ صرف معشوق کی شکل میں محض ایک شوپیس کی طرح نہیں بلکہ اپنی علیحدہ شکل چاہتی تھی۔ اپنی شناخت، وہ اپنا اظہار چاہتی تھی۔

پھر کچھ ہی دیر میں زینب کے اردگرد لوگ جمع ہونے لگے۔ ہر ایک کی نظر زینب کے جلے ہوئے چہرے کا طواف کر رہی تھی۔

چہ مگوئیاں تھیں جو بڑھتی ہی جا رہی تھی۔ ہر ایک شخص کے چہرے پر بس ایک ہی سوال تھا۔ آخر کس فرعون نے زینب کو بے شکل کرنے کی کوشش کی ہے۔ کون ہے جس

نے اِس خوش شکل عورت کو یوں بدشکل بنایا کہ دیکھتے ہی دیکھتے وہ سیکڑوں سے بڑھکر لاکھوں لوگوں کی نگاہوں کا مرکز بن گئی ہے۔ وہ جو پہلے سیکڑوں حسیناؤں میں شامل تھی اچانک ایک بھیانک جلی ہوئی عورت میں ڈھل کر اکائی کی شکل میں ڈھل گئی تھی اور اب پہلے سے بھی زیادہ قوت سے ساری دنیا کو اپنی طرف متوجہ کر رہی تھی۔

اور جب لوگوں نے زینب کی بے نور آنکھوں کا رُخ موسیٰ کے گھر کی طرف دیکھا تو وہ بے تہاشہ موسیٰ کے گھر کی طرف دوڑنے لگے تا کہ اُس ظالم کو گردن سے پکڑ کر اُس کے کرموں کی سزا اُسے دیں۔ غصہ سے چیختے ہوئے بہت سے لوگ موسیٰ کے گھر کے ارد گرد جمع ہو گئے اور چیختے دھاڑتے اُس کی بالائی منزل تک پہنچ کر اُس کے گھر کے دروازوں کو توڑنے لگے۔ موسیٰ نے جو یہ منظر دیکھا تو اُس نے فوراً اپنے کمرے کی کھڑکی بند کی اور بھاگنے کی فکر میں کمرے میں ادھر ادھر بے تہاشہ دوڑنے لگا کہ اچانک اُس کی نظر کمرے میں ٹنگے قد آور آئینے پر پڑی۔۔ آئینے میں اپنا عکس دیکھتے ہی موسیٰ حیران ہو گیا اُسے یوں لگا جیسے زینب کو تیزاب میں جلا کر وہ خود بے شکل ہو کر فرعون کی شکل سے بدل گیا ہے جبکہ زینب کی شکل حضرت موسیٰؑ کے ہتھیلی کی صورت (۱) یدِ بیضا میں ڈھل گئی ہے۔۔ اور پھر موسیٰ نے حقارت سے اپنی ہتھیلی کے جلے ہوئے نشان کو دیکھا اور ہاتھ ہوا میں بلند کر کے خود کو غصیلے لوگوں کے حوالے کر دیا۔

(۱) ید بیضا: فرعون کے دربار میں حضرت موسیٰؑ کی ہتھیلی کا انگاروں سے بننے والا نشان جو اُن کی ہتھیلی کو بچپن میں داغ دار کر گیا تو جوانی میں فرعون کے خلاف بغاوت میں طاقت اور کامیابی کا نشان بن گیا۔

الیوژن (Illusion)

...اور بس اپنے دونوں ہاتھوں کو اُٹھانے سے قبل محض ایک لمحے کے لیے آدم کو یوں لگا جیسے اُس کا بھاری بھرکم میلا سا وجود دھنک کے رنگوں میں ڈھل کر، کہکشاں کی کرنوں سے مل کر اور شبنم کے قطروں میں بھیگ کر بے وزن اور اجلا جلا سا ہو گیا ہے اور پھر ایک انجانے سے خیال نے کسی آوارہ تتلی کی طرح اُس پر بکھرے ہوئے شبنمی قطروں سے اپنی پیاس بجھائی اور اُسے یہ انوکھا خوبصورت سا احساس دیا۔۔ کہ تم جنت میں ہو!

۔۔آدم نے یکلخت گردن اُٹھا کر آسمان کی طرف دیکھا تو اُسے لگا جیسے اُس پر تنا ہوا صدیوں پُرانا بوڑھا نیلگوں آسمان اب دھنک کے رنگوں میں تحلیل ہو چکا ہے۔ اُس نے نظر جھکا کر زمین کو دیکھا تو اُسے لگا جیسے اُس کے پیروں تلے پڑی پُرانی پھتریلی بنجر زمین یکا یک ستاروں بھری کہکشاں سے بدل گئی ہے۔ اُس نے جو دھیمے سے جو خود کو محسوس کرنا چاہا تو اُسے لگا جیسے برسا برس سے نیزوں کی طرح اُس کے بدن کو چیرنے والی گرم و سرد ہوائیں اب ایک ملائیم اوس سے بدل کر اُس کے وجود کو کسی کلی کی طرح پیار سے چھو رہی ہیں اور دھیمے دھیمے شبنم کے قطروں میں ڈھل کر اُس کے بدن سے لپٹی ہوئیں کانپ سی رہیں ہیں۔

۔۔پھر کچھ ہی دیر میں عدم اُس کی پلکوں سے پھسل کر قطرہ قطرہ اُس کی بند آنکھوں میں اُترنے لگا اور پھر اُس کی رگوں سے ہوتا ہوا اُس کے دل کی شریانوں میں بھرنے

لگا۔ آہستہ آہستہ دل کے سوئے ہوئے عضلات نے ایک نگڑائی سی لی اور ایک دھڑکن کی شکل میں وہ طویل نیند سے جاگنے لگے۔۔۔دھک۔۔۔اُس کے دل کی پہلی دھڑکن نے چپکے سے اُس سے سرگوشی کی۔''میں پھر سے عدم میں ہوں۔آدم سے عدم کا سفر بالآخر تمام ہوا، میں جو صدیوں قبل عدم سے آدم میں بکھر گیا تھا اب ایک بار پھر عدم میں سمٹ گیا ہوں اور ہمیشہ ہمیشہ کے لیے ایک ابدی خوشی کے احساس میں بدل گیا ہوں۔'' اُس نے چپکے سے آنکھیں بند کر لی اور پھر یک لخت جنت الفردوس اُس کے اردگرد بُنتی چلی گئی۔

۔۔بنفشی، اودے اور نارنجی رنگوں کی خوشیوں کی کنواری بیلیں آدم کے وجود کو اپنے کھلتے کنول کی کلیوں کی خوشبوں سے معطر کرنے لگیں۔ پیار و محبت کے ابلتے چشمے اُس کی پیاسی روح کو اپنے گرتے آبشاروں سے بھگونے لگے اور اُس کے ہر ایک احساس کو قطرہ قطرہ عشق کے سمندر میں اُتارنے لگے۔نت نئے ذائقے، لذتوں کے انجانے مزے سے آشناء ہو کر اُن پھلوں سے اُس کے بھوکے وجود میں شامل ہونے لگے جو خود تخلیق کے پہلے پہل تجربے سے وابستہ ہوئے تھے اور جن کی طلب بھی ہر ایک نوالے کے بعد پہلے سے لاکھوں گناہ بڑھ جاتی تھی۔لمحہ بہ لمحہ وہ مسرتیں اُس کی رگوں میں تیرتی تھیں جو کبھی نامکمل خواہشوں کی طرح آدم کو زندگی میں اژدھوں کی طرح ڈستی تھیں۔ دبیز ریشمی بستروں سے کہیں نرم اور ملائیم محبوباؤں کی گودوں سے زیادہ گرم جھولوں میں لیٹا ہوا اُس کا وجود فرشتوں کے پروں کی سرسراہٹ اور حسین حوروں کی نرم و نازک قباؤں میں کبھی خواب وخرگوش کے مزے لیتا تھا تو کبھی نیم باز آنکھوں سے اُنھیں تکتا تھا۔کبھی کبھی تو ہواؤں کی اٹھکیلیوں سے وہ بادلوں کے دوش بدوش اُڑنے بھی لگتا تھا اور کبھی انجانے خوش رنگ پرندوں کا ہمسفر بن کر جنت الفردوس کے بادلوں کا حصہ بن جاتا تھا جہاں سرد جمے ہوئے پانی کی جگہ شبنمی قطروں کی اوس اُس کے بدن

کو نہلا رہی ہوتی تھیں۔ دور دور تک پھیلے ہوئے لامتناہی تاروں کی جگمگاتی حسین کہکشائیں اُس کی آنکھوں کو خیرہ کر رہی تھیں اور پھر جونہی ایک بار بے تاب ہو کر ان کہکشاؤں کو پنے دامن میں بھرنے کے لیے اُس نے اپنے دونوں ہاتھوں کو پھیلایا کہ یکا یک ایک زوردار دھما کہ ہوا اور اُس کے خیالوں کی جنت عدم کے تاریک اندھیروں میں ڈوبتی چلی گئی۔

۔۔اور پھر آدم کا چیتھڑے ہوئے دھڑ سے ٹوٹا ہوا خون میں لت پت سر، ہوا میں اُڑا اور پھر لُڑھکتا ہوا جا کر گندے بدبودار جوہڑ میں جا گرا۔ غموں سے بوجھل روتے بلکتے بہت سے لوگ دوڑتے ہوئے اُس کی طرف بڑھے اور اُسے کوستے ہوئے اُس کے پھٹے ہوئے سر کو اپنے جوتوں کی ٹھوکروں سے کچلنے لگے۔ روتے بلکتے ہوئے یہ لوگ اُس کے خودکش دھماکے سے اپنے بے گناہ پیاروں کے مرنے پر غم و غصے سے پاگل ہو رہے تھے اور اُسے دوزخ کی بدترین آگ کے لیے اپنے سینے پیٹ پیٹ کر کوسے اور بد دعائیں دے رہے تھے۔ وہ نفرت اور حقارت سے اُس کے کیچڑ اور خون سے لتھڑے ہوئے گندے منہ پر تھوکتے جا رہے تھے اور اُس کے سر کو غصے میں کسی فٹ بال کی طرح اپنی ٹھوکروں سے ہواؤں میں اُڑا رہے تھے جہاں بارود کی ناگوار بو جلے ہوئے انسانی جسموں کے چیتھڑوں سے مل کر متلاہٹ کی شکل میں چاروں طرف پھیل گئی تھی۔۔ اُن لوگوں کا بس نہیں چل رہا تھا کہ وہ اُسے ٹھوکریں مار کر آسمانوں کی طرف اس قدر زور سے اچھال دیں کہ آدم فوراً ہی کسی گم گشدہ دوزخ کا ہمیشہ کے لیے حصہ بن جائے۔

پھٹا ہوا دامن

بس ایک لمحے کی تو بات تھی اچانک کیٹ واک کے دوران نہ جانے کیسے زرینہ کا پاؤں اُس کی چار انچ لمبی سینڈل کی ہیل میں الجھا اور پھر وہ لاکھ چاہنے کے باوجود خود کو بیلنس نہ کر سکی اور قلابازیاں کھاتے ہوئے ریمپ سے سیدھا شائقین میں جا گری۔ زرینہ کو کیا پتہ تھا کہ اچانک یہ ایک چھوٹا سا کڑا لمحہ صدیوں کی تاریخ خود میں سمیٹ کر اُسے زرینہ سے زلیخا میں بدل دے گا۔

ابھی کچھ ہی دیر پہلے کی تو بات تھی کیٹ واک پر جانے سے قبل زرینہ خود کو ڈریسنگ مرر میں کتنے پیار سے تک رہی تھی۔ پہلے پہل تو اُس نے مسکرا کر اپنے خوبصورت شانوں کو تھوڑا سا پیچھے کیا تھا اور پھر دھیمے سے سانسوں کو ادھورا روک کر اپنے جواں سینے کو تھوڑا اور نمایاں کیا تھا اور پھر پیٹ کے مسلز (muscles) کو آہستہ سے اندر کھینچ کر نازک سی کمر کی کمان پر اپنے حسین بل کھاتے بدن کو کسی تیر کی طرح یوں تان لیا تھا کہ خود زرینہ کو پل بھر میں ایسے لگنے لگا تھا جیسے اُس کی اپنی نگاہیں اُس کے جسم کے قاتل زاویوں میں الجھ کر واپسی کے سارے راستے بھولتی جا رہی ہے اور پھر اپنے باڈی

پاسچر (Bodyposture) سے مطمئن ہو کر زرینہ نے اپنے سراپے پر ایک بھرپور نظر ڈالی تھی۔ اُس نے اپنے لوز کرل ہیر اسٹائل (Loose Curl Hairstyle) کو چاروں سمتوں سے گھوم کر دیکھا تھا اور پھر مسکارے سے جڑی ہوئی لمبی لمبی پلکوں کے دریچوں کو اپنی نیلی نشہ ور آنکھوں پر کچھ اسطرح سے دھیمے سے کھولا تھا کہ آئی لڈز (Eye Lids) پر سجے ہوئے تمام تر آئی شیڈز (Eyeshades) ستاروں کی طرح چمکنے لگے تھے اور پھر اپنے سرخی مائل تمتماتے گالوں میں بننے والے چھوٹے چھوٹے ڈمپل کے اردگرد بلوشن (blushon) اور لپ گلوز کا (Lipgloss) ایک اور کوڈ اپنے ہونٹوں پر پھیر کر اُنہیں پھر سے سجا لیا تھا۔

جب فیشن شو کے ڈور پر کھڑے ڈریس ڈیزائنر یوسف نے آنکھ کے خفیف اشارے سے تمام ماڈل گرلز کو ریمپ پر جانے کا اشارہ کیا تھا تو وہ بھی دھڑکتے دل کے ساتھ قطار میں شامل ہو گئی تھی۔ مگر اس سے قبل کہ وہ کیٹ واک شروع کرتی، یوسف نے ہاتھ کے اشارے سے اُسے لمحے بھر کے لیے روکا تھا اور اُس کو سر سے پاؤں تک اس طرح سے بغور دیکھا تھا جیسے کوئی زیرک سیلز مین اپنے مال کی دل چاہی قیمت لگا کر بازار میں خوب سجا سنوار کر امید بھری نظروں سے دیکھتا ہے۔ رنگ برنگی جھالروں میں بٹے ہوئے بلاؤز اور اسکرٹ کی وجہ سے زرینہ کا جواں بدن ویسے ہی نیم برہنہ ہو کر قیامت ڈھا رہا تھا مگر شاید یوسف کی نظر میں اُس کے کپڑوں میں بہتری کی ابھی تھوڑی سی گنجائش باقی تھی۔ اس آخری لمحے میں جب زرینہ ریمپ پر جانے کے لیے بے قرار ہو رہی تھی کہ نہ جانے یوسف کے دل میں کیا خیال آیا کہ اُس نے زرینہ کے بلاؤز اور اسکرٹ سے کچھ جھالریں اور کم کر دیں اور پھر فیشن شو کا ڈور زرینہ کے لیے کھول دیا تھا۔

ریمپ پر آتے ہی زرینہ نے سرسری سی نگاہ فیشن شو کے شائقین پر ڈالی اور پھر جونہی اُس نے کیٹ واک شروع کی اُسے محسوس ہوا جیسے اُس کے کمانی دار جسم کے سر

کش زہر آلود تیر ایک ایک کر کے شائقین کے دلوں کو زخمی کر رہے ہیں۔ اُن کے بے بس خون آلود دل سے کراہنے والی آرزوئیں، زرینہ کے دل کو ایک انجانے احساس سے روشناس کر رہی تھیں۔ کیمروں کی فلش لائیٹ اور ریمپ کے چاروں طرف لگے رنگ برنگی بجلی کے قمقمے اُس کے ہوش ربا حُسن کے سامنے ماند پڑتے جارہے تھے۔ جوں جوں زرینہ واک کر کے ریمپ کے کارنر کی طرف بڑھنے لگی اُسے یقین ہوتا جارہا تھا جیسے فیشن شو میں بیٹھے ہوئے شائقین کی نظریں اُس کے نیم برہنہ بدن پر لپٹی جھالروں سے ٹکرا کر واپس لوٹنے کے بجائے اُس کے بدن کے زاویوں میں الجھتی جارہی ہے۔ کچھ لمحوں کے لیے تو اُسے یہ بھی عجیب و غریب خیال بھی آیا جیسے ڈریس ڈیزائنر یوسف کی فیشن شو کے تمام شائقین کے ساتھ کچھ نہ کچھ ملی بھگت ہے اور اُس نے شائد جان بوجھ کر کیٹ واک سے قبل اُس کے بلاؤز اور اسکرٹ کی جھالریں کم کی تھی۔ اور پھر اچانک زرینہ کو یوں لگا تھا جیسے شائقین میں بیٹھے ہر ایک شخص کی شکل ڈریس ڈیزائنر یوسف کی جیسی ہوگئی ہے اور ریمپ پر چلنے والی ہر ایک ماڈل گرل زرینہ کے سراپے میں ڈھل گئی ہے جن کے لباس کے دامن اُس کی طرح چاک ہیں۔ اُسے یوں بھی لگا جیسے یہ فیشن شو دراصل لباس کے ایڈورٹائزمنٹ کی جگہ انسانی جسموں کی نمائش کا بازار ہے، شاید صدیوں پہلے کا بازارِ مصر، جہاں کبھی یوسؑف کو بیچا گیا تھا۔ اس عجیب و غریب خیال کے آتے ہی زرینہ کو محسوس ہوا جیسے اُس کا دل تاریخ کے گہرے سمندر میں ڈوبتا جارہا ہے مگر۔۔ فیشن شو کے شائقین سمجھے جیسے زرینہ کا پاؤں اچانک اپنی سینڈل کی ہیل میں پھنس گیا ہے اور وہ لاکھ چاہتے ہوئے اپنا بیلنس قائم نہیں کر پا رہی ہے اور بالآخر ریمپ سے قلابازیاں کھاتے ہوئے اُن کے درمیاں گرتی چلی گئی۔

زرینہ کو کیا پتہ تھا کہ اچانک یہ ایک چھوٹا سا کڑا لمحہ صدیوں کی تاریخ خود میں سمیٹ کر اُسے زرینہ سے زلیخا میں بدل دے گا۔ اُس چھوٹے سے لمحے میں جب

زرینہ اوروں کے لیے بے ہوش ہوکر ریمپ سے شائقین میں گری تھی، اُسی لمحے تو زرینہ، زلیخا میں بدل کر بازارِ مصر پہنچ گئی تھی اور یوسؑف کا دامن پیچھے سے پکڑ کر چیخ رہی تھی کہ میں نے تمھارا دامن تو پیچھے سے پھاڑا تھا مگر تم تو نبی تھے نا! دیکھو تمھاری خود کی خاطر کی گئی جرح سے، میرا دامن ہمیشہ کے لیے پیچھے آگے دونوں ہی طرف سے پھٹ گیا ہے۔

بانجھ

دوہم جنس پرستوں میں ماں بننے کی خواہش کا کرب۔۔

ایک مشکل انسانی نفسیات ڈاکٹر بلند اقبال کی تجریدی کہانی کی شکل میں۔۔اور پھر شمیم کو لگا جیسے کوئی گولا سا اُٹھا اور سینے کے بیچ کہیں سے بہتا ہوا اُترا اور پیٹ کے نچلے حصے میں آکر پھنس گیا ہے۔

شمیم نے لیٹے لیٹے خوفزدہ نظروں سے اپنے بدن کے نچلے حصے کو دیکھا۔اُسے لگا جیسے کوئی مکھی اُس کی ناف پر بیٹھی ہوئی ہے۔شمیم نے بے چین ہوکر اپنے دونوں ہاتھوں سے مکھی کو ہٹانا چاہا مگر پھر اُسے لگا جیسے وہ مکھی نہیں اُس کی اپنی ناف ہے جو بے ہنگم طریقے سے پیٹ سے باہر نِکل رہی ہے۔نمکین پانی کا ایک بڑا سا ریلا نہ جانے کہاں سے اُس میں سے اُٹھا اور پھر اُس کی آنکھوں کے کناروں سے ڈھلک کر اُس کے دل میں اُترنے لگا۔شمیم نے ایک گہری سانس لینا چاہی مگر اُسے لگا جیسے اُس کی سانس آری بن کر اُس کے بدن کے نچلے حصے کو کاٹ رہی ہے اور اُس سے اُٹھنے والا درد، انگارے بن کر اُس کے بدن کے رُویں رُویں میں دِھک رہا ہے۔شمیم کو لگا جیسے اُس کے پیٹ کے اندر کا گولا نیچے اُترنے کے بجائے اُوپر ہی اوپر اُٹھتا جا رہا ہے اور اب اُس کی ناف پیٹ میں کہیں غائب ہوکر محض ایک دھندلا سا نشان بن کر رہ گئی ہے ۔۔شمیم نے پھٹی پھٹی وحشت زدہ آنکھوں سے اپنے پیٹ کی طرف دیکھا اور پھر ڈر

کے مارے آنکھیں بھینچ لیں۔

کچھ ہی دیر میں شمیم کو یوں محسوس ہوا جیسے نسیم کے دونوں ہاتھ اُس کی بند آنکھوں سے پھسل کر اُس کے گالوں کو چھو رہے ہیں اور اُس کی گرم سانسوں کی تپش سے اُس کے کانوں کی لویں جل رہی ہیں اور پھر ایک بھڑکتی ہوئی آگ آناً فاناً اُس کے ہونٹوں کو دہکانے لگی اور پھر اُس سے اُٹھنے والی چنگاریاں شمیم کے سارے بدن میں شرارے بن کر پھیلنے لگی۔ شمیم نے ڈرتے ڈرتے دھیمے سے جو اپنی آنکھیں کھولیں تو نسیم کی مردانہ بانہوں کو اپنی گردن کے گرد گلاب کے دہکتے رنگوں کی طرح پایا۔ اچانک ایک نمکین سی مُسکان اُس کے لبوں پر پھیلی اور خوف اُس کی بند مٹھیوں سے تتلیاں بن کر اُڑ گیا۔ شمیم نے اپنی مٹھّیاں کھولی تو تتلیوں کے رنگوں سے اُس کی ہتھیلیاں ست رنگی ہو رہی تھی۔ نسیم نے دونوں بانہوں میں شمیم کو پیار سے بھر لیا اور کھنکتی ہوئی آواز سے اُس سے سرگوشی کی۔۔ ''تم کو پتہ ہے شمیم، ہتھیلی پر اُترے ان رنگوں میں تمھارا کونسا رنگ ہے اور میرا رنگ کونسا؟'' شمیم نے نسیم کی بانہوں میں سمٹ کر اپنی ہتھیلی پر بکھرے ہوئے رنگوں کو کچھ اور گہرا کیا اور اُسکے پیار میں ڈوبتے ہوئے کہا ''میری اور تمھاری ہتھیلیوں پر گلابی اور آسمانی رنگ علاحدہ علاحدہ نہیں ہیں۔''۔ ''تو محبت۔''۔ نسیم نے شمیم کی دونوں ہاتھوں کی انگلیوں میں اپنی انگلیاں پھنسا کر کہا ''محبت کا کیا رنگ ہے شمیم؟ وہی جو خدا کا ہے، جو مرد ہے نہ عورت۔۔'' شمیم نے یہ کہہ کر اپنی آنکھیں دھیمے سے بند کر لیں اور پھر نسیم کی محبت میں جذب ہوتا چلا گیا۔ کچھ ہی دیر میں اَن گنت ستاروں کی کہکشاں شمیم کی بند آنکھوں میں اُتر آئی۔ گرم سانسوں کی ٹھنڈک دونوں کی روحوں میں پیار بن کر اُترنے لگی۔ دہکتے ہونٹوں کی نرماہٹ لذت بن کر اُن کی محبت کی پیاس بجھانے لگی۔ شمیم کو لگا جیسے اُس کی مٹھیوں سے اُڑنے والی خوف کی تتلیاں صرف محبت بن کر رنگوں سے بے نیاز ہوگئی ہیں اور برہنہ ہو کر اُن کے دلوں کو پھولوں

کی طرح بوسے دے کر شرما رہی ہیں ۔۔ اور پھر دونوں بدن کچھ ہی دیر میں محض محبت بنتے چلے گئے۔

شمیم نے ڈوبتے دل سے سے جو پھر پیٹ کو دیکھا تو اُسے لگا جیسے اُس کی ناف پر مکھی کی جگہ دومنہ کا سانپ بیٹھا ہوا ہے۔اُس کا پیٹ پہلے سے پھول کر اُس کے سینے سے بھی اونچا ہو گیا ہے۔اُسے لگا جیسے اُس کے پیٹ کے اندر بہت سارے کیڑے ایک ساتھ رینگ رہے ہیں اور ناف کو چھید چھید کر باہر آنا چاہ رہے ہیں اور جونہی کوئی کیڑا رینگتا ہوا پیٹ سے باہر نکلتا تو ناف پر بیٹھا ہوا دومنہ کا سانپ یک لخت اُس کو زندہ سالم ہی نگل جاتا۔۔شمیم کو لگا جیسے اُس کی بند آنکھوں سے آنسو باہر آنے کے بجائے جلد کے مساموں سے چھلک چھلک کر نکل رہے ہیں اور اُس کا دل کھارے پانی کے سمندر میں ڈوبتا جارہا ہے اور وہ آخری سانسیں لے کر خود کو بچانے کی کوشش کر رہا ہے۔شمیم نے بے بسی سے تتلیوں کو اپنی دونوں مٹھیوں میں اس قدر زور سے بھینچا کہ اُن کے رنگ لہو کے رنگ سے بدل گئے ۔۔ خدایا۔۔اُس کی گھٹی گھٹی چیخیں ہونٹوں سے باہر آنے کے بجائے سینے میں جمع ہو کر پیٹ کو اندر سے دبانے لگیں۔شمیم کو لگا جیسے پیٹ کے اندر کا گولا اُس کے سینے میں دھڑکتے ہوئے دل کو اپنے اندر نگل رہا ہے اور اُس کے پیٹ میں رینگتے ہوئے کیڑے ناف پر بیٹھے دومنہ کے سانپ کی پروا کیے بغیر جلد کے ہر ایک مسام سے آنسوؤں کے ساتھ ساتھ بہہ کر باہر آرہے ہیں۔شمیم نے روتے ہوئے سرخ انگارہ آنکھوں سے اپنے پیٹ کی طرف دیکھا اور پھر بے بسی سے اپنی آنکھیں بند کر لیں اور شمیم کو لگا جیسے اُس کے پیٹ سے اُٹھنے والا گولا پیٹ کے نچلے حصے سے سرک کر سینے کے بیچ کہیں آکر پھنس گیا۔

کچھ دیر تک تو شمیم لیٹے لیٹے چُپ چاپ چھت کو تکتا رہا اور پھر کروٹ بدل کر اُس نے نسیم کو دیکھا جو خود کو شمیم کی بانہوں میں دے کر سارے جہاں کے دکھ وسکھ سے بے

نیاز سکون سے سو رہا تھا مگر اُس کے ہونٹوں کی نمکین مسکراہٹ اُس کی پلکوں کے کناروں پر کانپتے ہوئے آنسوؤں سے ملکر ایک عجیب منظر بنا رہی تھی۔۔ اُس نے دھیمے سے اپنے پیٹ کو چھوا تو اُسے لگا جیسے اُس کا بدن پسینے سے تر ہے۔ اُس نے ڈرتے ڈرتے اپنی ناف پر انگلی پھیری جہاں پسینے میں بھیگے ہوئے پیٹ کے چند بال بے ترتیبی سے چپکے ہوئے تھے۔ اُس نے دھیمے دھیمے نسیم کے سینے کے بالوں میں انگلیاں پھیریں اور پھر اُس کی انگلیاں پھسلتے ہوئے نسیم کی ناف تک جا پہنچی اچا نک اُس کو لگا جیسے نسیم کی ناف پر کوئی مکھی بیٹھی ہوئی ہے۔ شمیم نے لیٹے لیٹے خوفزدہ نظروں سے نسیم کے بدن کے نچلے حصے کو دیکھا، اُسے لگا جیسے وہ مکھی نہیں نسیم کی اپنی ناف ہے جو بے ہنگم طریقے سے پیٹ سے باہر نکل رہی ہے۔۔۔

ملاپ

علی کی پلکوں پر ٹھیرا ہوا آنسو کچھ دیر تک تو لرزتا اور کانپتا رہا مگر پھر جونہی فاطمہ کی نمکین مسکراہٹ اُس سے بہہ کر علی کے دل میں جذب ہوئی تو پھر وہ اپنا وجود اُس کی پلکوں پر مزید نہ سمیٹ سکا اور بے بس و مجبور ہو کر اُس کے سامنے پڑی ہوئی مرمت طلب گھڑی پر بکھرتا چلا گیا اور پل بھر میں اُس میں جڑے ہوئے گھنٹے، منٹ اور سیکنڈ کی سوئیوں کو کچھ اس طرح بھگو گیا کہ وہ اپنے مرکز پر اُلٹے رخ میں گھومنے لگیں۔۔۔ دھیمے دھیمے گھڑی کی ٹِک ٹِک علی کی دھڑکنوں کی دَھک دَھک سے ہم آہنگ ہونے لگیں اور وقت چند سال پیچھے تیرتا چلا گیا۔

'چاندنی چوک میں اُس رات علی کی آنکھوں میں پورا چاند اُتر آیا تھا جس رات فاطمہ اُس کی دکان پر اپنی پُرانی گھڑی کی مرمت کے خاطر آئی تھی۔ سیاہ اُوڑھنی میں ٹکے ہوئے گوٹے کناروں کے ستارے فاطمہ کے چاند جیسے مکھڑے کو گھیرے ہوئے آسمان کے تاروں سے زیادہ اِترا رہے تھے۔ فاطمہ کے گلابی رخسار اُس کی آوارہ زُلف کی چھیڑ خانی سے ڈوبتے اُفق سے زیادہ دہک رہے تھے۔ فاطمہ کے کالے کالے نینوں میں اُترتا علی کا عکس بے اختیار اُس کے دل کی دھڑکن بن کر علی کے حلق میں دھڑک رہا تھا۔ فاطمہ کے گالوں کے ڈمپل بھی علی کی بے بس صورت کو دیکھ کر بے ساختہ مسکرا رہے تھے کہ اچانک فاطمہ نے شوق نگاہوں سے علی کی کھوئی کھوئی آنکھوں

کے سامنے اپنی چوڑیوں بھری کلائی ہلا کر کہا تھا۔ ''سنیئے ذرا ہماری گھڑی ٹھیک کر دیجیے، یہ چلتے چلتے رُک جاتی ہے'' اور پھر علی کے ایک لفظ 'جی' کو اُس کے دل سے ہونٹوں تک آنے میں صدیوں کا فاصلہ طے کرنا پڑ گیا تھا۔ اُسے لمحے بھر کے لیے یوں لگا تھا جیسے اُس کے دل کی دھڑکنیں جو فاطمہ کی گھڑی کی رُکی ہوئی سویوں سے ملتے ہی رُک گئی تھیں اُس کی چوڑیوں کی جھنکار سُن کر گہری نیند سے یکا یک جاگ کر سرپٹ دوڑنے لگی ہو۔۔ فاطمہ کے دکان سے جاتے ہی علی دیر تک آسمان پر چاند کو تکتا رہا اور کچھ دیر تک تو اندر ہی اندر اپنی بے چارگی پر روتا رہا تھا مگر پھر جونہی مدینہ مسجد کی محرابوں سے نکل کر عشاء کی آذان کی آواز جو علی کی دکان میں گونجنے لگی تو علی نے دونوں ہاتھوں کو جوڑ کر کچھ اس طرح صدقِ دل سے اپنے رب کے حضور دُعا کی کہ اُس کی دُعا قبولیت کی اعلیٰ منزلوں کو چھوتے ہوئے فاطمہ کے دل میں علی کا پیار بن کر دھڑکنے لگی اور پھر فاطمہ کو بھی گھر جاتے جاتے کچھ لمحوں میں یوں لگا جیسے آج وہ گھڑی کے ساتھ ساتھ اپنی زندگی کا سارا وقت بھی علی کو دے آئی ہے۔'

پھر علی نے دونوں پلکوں کو دھیمے سے پپوٹوں پر بھینچا اور اپنی بھیگی ہوئی پلکوں کو جھپک کر میز پر پڑی فاطمہ کی گھڑی کو تکنے لگا جس کی گھنٹے، منٹ اور سیکنڈ کی سوئیاں واپس اپنے مدار کے گرد گھوم کر اپنی اصلی حالت کی طرف لوٹ گئی تھیں۔علی نے چار منہ کے پیچ کش کے سرے کو آہستگی سے مرکزی پیچ میں پھنسایا اور اسکرو کو دھیمے دھیمے اُلٹے رُک پر گھمانے لگا۔ کچھ ہی دیر میں گھڑی کی سوئیاں متحرک ہونے لگی مگر باوجود کوشش کے وہ اپنے مرکز پر گھومنے کے بجائے، بس چپ چاپ ایک دوسرے کے ساتھ ساتھ کانپتی رہی۔علی کو یوں لگا جیسے وقت، اپنی تمام توانائیاں خرچ کر کے بھی آگے بڑھنے سے قاصر ہے۔۔علی نے پپوٹوں کو دوبارہ بھینچ کر پتلیوں کو سمیٹا اور گھڑی کی کانپتی ہوئی سوئیوں کے پیچھے اپنے اور فاطمہ کے دھندلے سے امیج کو دیکھنے لگا جو

بڑی ہی عاجزی سے دونوں ہاتھ باندھے سارے سنسار سے اپنے ملن کی بھیک مانگ رہے تھے۔۔۔

'چاندنی چوک میں اُس رات علی کی دکان پر اُس کا اور فاطمہ کا سارا کنبہ جمع تھا۔ علی مجرموں کی طرح سر جھکائے زمین کو تک رہا تھا اور فاطمہ سرخ انگارہ آنکھوں سے آسمان کو دیکھ رہی تھی۔ غروبِ مغرب کا وقت مدینہ مسجد کی مہرابوں کی ختم ہوتی ہوئی سُنی آذان کی گونج اور امام بارگاہ سے شروع ہونے والی شیعہ آذان کی آواز کے درمیانے وقفے میں پھنسا ہوا کانپ رہا تھا۔علی اور فاطمہ کے باپ بیک وقت ایک دوسرے کی آنکھوں میں آنکھیں ڈالتے ہوئے علی و فاطمہ کی طرف کنکھیوں سے دیکھتے ہوئے بڑبڑا رہے تھے۔۔ 'سُنی شیعہ فرقوں کا یہ فرق محض آذانوں کی گونجوں کے درمیان کے منٹ اور سیکنڈ کا فرق نہیں ہے بلکہ صدیوں کے فاصلے کا فرق ہے'۔علی نے بھرائی آنکھوں کے ساتھ زمین سے نظریں اُٹھا کر اپنی گھڑی پر ڈالی مگر پتلیوں کے سامنے آئے ہوئے آنسوؤں کی وجہ سے اُسے یوں لگا جیسے گھڑی کی تینوں سوئیاں اُس کے آنسوؤں میں تیر کر صدیوں پرانے رُکے ہوئے وقت پر آکر ٹھیر گئی ہیں۔ پھر علی نے جونہی گھڑی سے نظریں اُٹھا کر آس پاس دیکھا تو اُسے لگا جیسے چاندنی چوک کا پر رونق بازار اچانک کچی پکی اینٹوں کے بنے چبوتروں اور دیواروں میں ڈھل گیا ہو جس میں چاروں جانب عرب کی ریگستانی دھول اُڑ رہی ہو اور اُس کے کنبہ کے سارے لوگ لمبی لمبی عبائیں پہنے ایک دوسرے پر تلواریں تانے خونخوار نظروں سے اُسے اور ایک دوسرے کو گھور رہے ہیں۔علی کو یوں لگا جیسے چاندنی چوک اچانک چودہ سو سال پرانے مدینہ کے بازار میں بدل گیا ہو اور اُسکی دکان سقیفہ بنی ساعدہ والی وہ بیٹھک بن گئی ہو جہاں اُس کی شادی کی بات کی جگہ شائد خلافت کے حصول کا پہلا جھگڑا ہونے والا ہے۔علی نے ڈوبتے دل کے ساتھ اپنی دونوں آنکھوں سے آنسو پونچھ دیے اور ایک

بار پھر اپنی گھڑی کی طرف دیکھا مگر اُس کی گھڑی کی سوئیاں ابھی بھی اُسی جگہ ٹھیری ہوئی تھیں۔علی نے بے بس نگاہوں سے اپنے کنبہ کے لوگوں کو دیکھا اور پھر فاطمہ کی طرف ایک ڈوبتی امید سے نظر ڈالی۔اچانک فاطمہ کے دل میں نہ جانے کیا آئی کہ وہ اپنی جگہ سے دھیرے سے اُٹھی اور میز پر دھری ہوئی اپنی رُکی ہوئی گھڑی اُٹھا کر لائی اور علی کی گود میں ڈال دی۔علی نے پلک جھپک کر گھڑی کے ڈائل پر نظر ڈالی اور حیران نگاہوں سے گھنٹے منٹ اور سیکنڈ کی سوئیوں کو دیکھنے لگا جس کا رُکا ہوا وقت اُس کی گھڑی کے ٹھیرے ہوئے وقت سے پہلے کا تھا۔اچانک علی اپنی جگہ سے اُٹھا اور فاطمہ کا ہاتھ پکڑ کر اپنے اور فاطمہ کے کنبہ سے مخاطب ہو کر کہا۔۔تم لوگوں کو پتہ ہے محمد ﷺ نے علی اور فاطمہ کی شادی کیوں کی تھی؟ تا کہ اُن کی امت کے درمیاں کبھی بھی دراڈ نہ آئے۔۔کیا تم لوگ اُن کی خواہش پوری نہ کرو گے؟

اُبال

بس چند لمحوں کی تو بات تھی یا شائد اُس سے بھی کم، میں نے جلدی جلدی اپنے دل کے تمام کھڑ کی دروازے بند کر دیے اور پھر زور سے اپنی آنکھیں بھی بند کر لی۔ مجھے یوں لگا تھا جیسے ایک لمحے کی بھی جو دیر ہوئی تو میرے دل سے اُٹھنے والا یہ اُبال، جو درد کی صورت دل سے نکل کر آنکھوں سے بہہ نکلنے کے لیے بیتاب ہے، میرے اندر کے اُس طوفان کو بھی اپنے ساتھ بہا کر لے جائے گا جو یادوں کی صورت میں میرے دل کے ایک کونے میں چپ چاپ سمٹا ہوا ہے۔

مجھے یاد ہے وہ پکی اینٹوں کا مکان جسکے اُترے اُترے سے چونے میں پیار کے سارے ہی رنگ چڑھے ہوئے تھے، وہ جس کی کھڑ کیوں پر جھولتے ہوئے پردے ہواؤں سے اٹھکیلیاں کرتے ہوئے کبھی کبھی تو ایک دم سے نڈر ہو جاتے تھے تو کبھی اچانک سے شرما بھی جاتے تھے، وہ جس کی چوکھٹوں پر کھڑے ہوئے دروازے، انسانوں کی طرح، ہر آنے جانے والوں کو محبت سے گلے لگا لیتے تھے اور وہ جس کے فرش میں ماں جیسی ممتا کی گرمی تھی اور چھت میں باپ جیسی شفقت کی ٹھنڈک تھی۔ مجھے یہ بھی تو یاد ہے کہ اُس کے بڑے سے دالان کے ایک کونے سے ایک چھوٹا سا راستہ رسوئی کی طرف بھی جا تا تھا۔۔ ہاں ایک رسوئی۔۔ جس میں سب کچھ تو عام رسوئیوں جیسا تھا بس بڑھکتی ہوئی آنچ کے چولہے پر دھری ایک چھوٹی سی دودھ کی دیگچی تھی جس

میں بھرے ہوئے تازہ دودھ میں کبھی بھی اتنا اُبال نہ آپاتا تھا کہ دودھ کا ایک قطرہ بھی چھلک جاتا۔۔ دودھ جیسے زندگی کی علامت، میں ہمیشہ مسکرا کر سوچتی تھی۔

مجھے یاد ہے دودھ جیسے پاکیزہ رشتوں میں بندھا ہوا اُس گھر میں بسا ہر ایک طلسماتی کردار۔۔ وہ قلم، جس کی نوک سے نکلتا ہوا ہر ایک لفظ زندگی کے انجان فلسفوں کو کورے کاغذ پر دھیمے دھیمے اُتارتا تھا۔۔ وہ جائے نماز، جس پر سجدہ ریز ایک پیشانی، محبتوں کی علامت بنی اپنے خداوند سے اُس گھر کے مکینوں کی درازعمر کی دعائیں مانگتی تھی۔۔ وہ آہٹ، جو شام کے پچھلے پہر نانا نانی کے قدموں تلے سوکھے پتوں کے چرچرانے سے دالان میں پیدا ہوتی تھی۔۔ وہ سرسراہٹ، جو ماموں کے قلم کی نوک اور کاغذ کے بدن کے ملاپ سے لفظوں کی تخلیق کی شکل میں پیدا ہوتی تھی۔۔ وہ شدت جو ممانی کی محبتوں کی وجہ سے اُس گھر کے ہر ایک رشتے ہر ایک کردار کو پیار کے دھاگوں میں ایک توازن سے باندھ دیتی تھی۔۔ اور وہ الفاظ، جو عنایت نے مجھے گھر سے نکلتے سمے چپکے سے کہے تھے۔۔ 'ہما بیٹی تسی امریکا نہ جاؤ، امریکا کے پانی میں اخلاق تو بہت ہے لیکن درد نہیں'۔۔ درد جیسے کھانے میں نمک۔۔ گھر کے نوکر کی بات سُن کر مجھے ہر بار یہی ایک خیال آتا تھا۔

بس چند دہائیوں کی تو بات تھی، وقت لمحوں میں گزر گیا اور پھر نہ جانے کب اور کیسے اُس پکی اینٹوں کے گھر کے طلسماتی کردار ایک ایک کر کے کسی اَن دیکھی جادونگری میں جا کر بستے چلے گئے۔ اور پھر ایک دن پکی اینٹوں کا مکان دھیرے دھیرے سے تنہا ہوتا چلا گیا۔ بس باقی رہ گئی ایک آہٹ، ایک سرسراہٹ، ایک شدت، چند گونجتے ہوئے الفاظ اور دودھ کا اُبال۔۔

مما۔۔ مائکروویو میں دودھ پھر سے اُبل کر گر رہا ہے، میری بیٹی نے مجھے کھویا کھویا دیکھا تو چیخ کر کہا۔

میں نے جلدی جلدی اپنے دل کے تمام کھڑکی دروازے کھول دیے۔ اچانک میری پلکوں کے کنارے پر آنسوؤں کا ایک چھوٹا سا قطرہ نہ جانے کہاں سے آ کر رکا اور پھر گالوں پر پھیل گیا۔۔ میں نے جلدی سے مائکرو ویو سے دودھ نکالا، مگر دیر ہو گئی تھی۔ تقریباً سارے کا سارا دودھ ہی مائکرو ویو میں گر کر پھیل گیا تھا۔ میں نے سوئچ آف کیا، مائکرو ویو صاف کیا اور پھر فریزر سے نان سالٹش فوڈ کا پیکٹ مائکرو ویو میں رکھ کر ڈی فروسٹ کا بٹن دبا دیا اور پھر دھیمے سے مسکرا کر سوچا۔۔ دودھ کی دیگچی میں اُبال سے دودھ جب ہی تو چھلک جاتا ہے جب زندگی کی آنچ میں سے توازن ختم ہو جائے۔

خوشبو کا سفر

پھر کچھ ہی دیر میں وہ لمحہ آ گیا جب وقت فنا ہو کر محض ایک کسیلی یاد کی شکل میں تاریخ کے صفحوں میں محفوظ ہونے والا تھا، بس ایک مسلے ہوئے پھول کی خوشبو تھی جو زمین و آسمان کے درمیان پھنسے ہوئے اُس بھاری بھرکم لمحے سے جان چھڑا کر بادلوں کے اوٹ آ چھپی تھی اور اب ایک انجان سی خواہش لیے آخری بار بغداد کی گلیوں اور بازاروں پر نظر ڈال رہی تھی جہاں ایک فاقہ زدہ صوفی کو سولی پر چڑھایا جانے والا تھا۔

بغداد کی گلیوں اور بازاروں میں لوگوں کے ہجوم وحشتوں کی عبائیں پہنے جنگلی جانوروں کی طرح ایک دوسرے کے پیچھے سرپٹ بھاگ رہے تھے۔ اُن کے ذہن خالی اور سینے نفرتوں سے بھرے ہوئے تھے۔ اُن کے ہاتھوں میں نوکیلے پتھر اور ہونٹوں پر منصور الحلاج کا نام تھا۔ زخم خوردہ منصور الحلاج، جس کا بدن تلوار کے دستوں کی ضربوں سے خون آلود تھا، جس کی بے ہنگم کٹی ہوئی داڑھی کے پیچھے چھپے ہوئے چہرے پر چانٹوں کے نشان تھے۔ جو کئی دنوں کا فاقہ زدہ تھا اور جس کی پسلیوں پر جلد کی جگہ محض ایک جھلی سی رہ گئی تھی۔ جوں جوں وہ ایک شکنجے میں جکڑ کر بیچ بازار میں لایا جانے لگا عشق الٰہی سے منور فضاء اُس کے کلام سے مہکنے لگی۔۔

یکسو کر دیا مجھے اس (ذات) واحد نے سچی توحید کے ذریعے
سالک کے لیے اُس تک پہنچنے کا اور کوئی راستہ نہیں

میں حق ہوں اور حق، حق کے ساتھ حق ہے
اس کی ذات سے منسلک ہونے کے بعد فراق ممکن نہیں۔۔

اور پھر نوکدار پتھروں کی ضربوں سے منصور کا بدن لہولہان کیا جانے لگا مگر وہ دیوانگی عشق میں سرمست صوفی، تختہ دار کو دیکھ کر مسکرانے لگا مگر اس سے قبل کہ اُس کے لہو سے دار کی لکڑی سُرخ ہو جاتی، ایک پھول شبلی کی دبی ہوئی مُٹھی سے نکلا اور منصور الحلاج کے ذخم خوردہ بدن کو معطر کرتا ہوا ہجوم کے قدموں تلے رُندتا چلا گیا۔ پھر جونہی منصور الحلاج کا سر قطع کر کے جسم کو نظر آتش کیا گیا اور اُس کی راکھ راس المنارہ سے ہوا میں بکھیری گئی تو وہ بغداد کی گلی کوچوں میں سوگوار سی اُڑتی ہوئی چند لمحوں کے لیے جنید بغدادی کی قبر کی دھول سے آملی اور پھر وہاں موجود بایزید بسطامی اور ابوسعید ابوالخیر کے چڑھائے ہوئے پھولوں کی خوشبوؤں کو اپنے اندر بسا کر زمین و آسمان کے اُس مشکل لمحے سے دامن چھڑانے لگی مگر پھر ایک موہوم سی امید کے سہارے بادلوں کے اوٹ چھپی خوشبو سے آکر مل گئی اور پھر وقت کے طویل مگر انجانے سفر میں شامل ہوگئی۔

لاہور کی پُر رونق گلیوں اور بازاروں میں زندگی اپنی پوری آب و تاب کے ساتھ رواں دواں تھی۔ بلاول گنج مارکیٹ کی گلیوں میں صوفیانہ کلام کی مہک کسی انجانے اندیشے سے اندر ہی اندر کانپ رہی تھی۔ شام کا وقت آنے والی صبح کی سلامتی کے لیے بابا داتا گنج بخش کے مزار پر نذرانوں کے پھول چڑھانے کو بے تاب تھا۔ دیوانگی عشق میں سرمست صوفی فقیر اللہ ہو اللہ ہو کا وِرد کرتے ہوئے گلیوں میں ناچ رہے تھے اور فضاء حضرت محی الدین چشتی کے کلام سے مہک رہی تھی۔۔

گنج بخش فیض عالم، مظہر نورِ خدا۔۔ ناقصاں را پیرِ کامل، کاملاں را راہنما پھولوں سے لدے ٹھیلوں و خوانچوں اور مزار پر چڑھانے والی چادروں کی دکانوں پر زائرین کا ہجوم بڑھتا جا رہا تھا۔ بابا داتا گنج بخش کے مزار کا طویل کشادہ صحن صوفیانہ کلام کی خوشبو

سے مہک رہا تھا۔ بچے، جوان، بوڑھے، عورتیں، مرد، امیر، فقیر سبھی فرش پر زانوں ہوئے عبادت الٰہی میں مشغول تھے۔ لمحہ بہ لمحہ کلام الٰہی کا وِرد جاری وساری تھا، دربار میں اجتماعی دُعا کے خاطر لوگ اپنی صفیں درست کر رہے تھے کہ اچانک مزار کے سبز گنبد اور صحن میں پھرتے پرسکون کبوتر کسی نادیدہ اندیشے کو پا کر خوفزدہ ہو کر ایک ساتھ پھڑ پھڑا کر اُڑنے لگے۔

اور پھر بلاول گنج مارکیٹ کی گلیوں میں تین سائے وحشتوں کی عبائیں پہنے جنگلی جانوروں کی طرح انسانی لہو سے اپنی پیاس بجھانے نمودار ہوئے۔ اُن کے ذہن خالی اور سینوں میں نفرتیں تھیں۔ اُن کے ہاتھوں میں گرنیڈ اور خودکُش دھماکوں کی جیکٹس اور ہونٹوں پر حضرت داتا گنج بخش علی ہجویری کا نام تھا۔ کچھ ہی دیر میں اللہ کے ذکر میں مصروف عبادت گزار اجتمائی دُعا کے خاطر قطار در قطار صف بندی کرنے لگے اور دربار میں جمعرات کی جمعرات حاضری لگانے والا محمد منشاء خود کے لیے دُعائیں مانگنے کے بجائے ذکر اذکار میں مشغول زائرین پر عطر اور خوشبو پھینکنے لگا کہ اچانک اُس کے ہاتھوں میں دبے عطر دان سے نکلی خوشبو زندہ انسانوں کے بجائے مردہ انسانی گوشت کے لوتھڑوں کو معطر کرنے لگی۔ داتا دربار کے پہلو میں دھماکے سے اُنکے سرہانے درج مرکز تجلیات انسانی لہو سے بھیگ کر رنگین ہونے لگا اور مزار شریف کا سبز گنبد کبوتروں اور انسانی خون کے لوتھڑوں میں رنگ کر سُرخ گنبد میں بدلنے لگا۔ مزار کے فرش پر عبادت گزاروں کا خون اور اعضاء ہر طرف بکھرنے لگے اور پھر کلام الٰہی کا وِرد اور صوفیانہ کلام کی مہک دھاڑیں مار مار کر روتی ہوئی آوازوں میں بدلتی چلی گئی۔

محمد منشاء کے ہاتھوں میں دبے عطر دان کی خوشبو انسانی گوشت کے لوتھڑوں اور بکھرے ہوئے اعضاء کو معطر کر کے کچھ دیر تو یونہی لاہور کے گلی کوچوں میں سوگوار اڑتی رہی اور پھر کچھ ہی لمحوں میں مزار شریف پر خواجہ نظام الدین اولیا، حضرت معین الدین

چشتی اور بابا فرید الدین شکر گنج کے چڑھائے ہوئے پھولوں کی خوشبو کو اپنے اندر بسا کر زمین و آسمان کے اُس مشکل لمحے سے دامن چھڑانے لگی جہاں وقت بارود کے دھماکوں سے فنا ہو کر پھر سے ایک کڑوی کسیلی یاد کی شکل میں تاریخ کے صفحوں میں محفوظ ہو گیا تھا، مگر پھر ایک موہوم سی امید کے سہارے بادلوں کے اوٹ چھپی خوشبو سے آ کر مل گئی اور ایک بار پھر وقت کے طویل مگر انجانے سفر میں شامل ہو گئی۔

چاند پر موت

''۔۔۔بس تھوڑی ہی دیر کے لیے زمین کا دل کانپا تھا اور پھر اُس کا سینہ چھلنی ہوتا چلا گیا۔

فضاء بے بسی سے زمین کو کٹتے دیکھنے لگی۔ آگ اور دھویں کا ایک طوفان تھا جو اُس کے چٹان جیسے سینے سے نکل کر ارد گرد کی فضاء کا دم گھونٹ رہا تھا۔ آگ کی لپٹیں زمین کو تہہ در تہہ جلا رہی تھیں۔ اُس کی کوکھ جو کھربوں اربوں سالوں سے سکون و آشتی کا سمندر چھپائے بیٹھی تھی لمحے بھر میں ایک اَن دیکھے عذاب کا نشانہ بن گئی اور اب ایک ایسی بانجھ کوکھ کی شکل میں ڈھل گئی تھی جسے جنم جنم سکون کی خواہش میں جلنا تھا۔''زندگی موت کی بھی تو ہوتی ہے'' روتی ہوئی فضاء نے زمین کو بلکتے دیکھ کر دلاسہ دیا اور پھر ہوا کی شکل میں بکھرنے لگی۔ زمین نے پہلی بار وقت کا مزا چکھا اور لامتناہی سے متناہی ہونے لگی، پھر دیکھتے ہی دیکھتے اُس کے دامن میں صدیاں سمٹنے لگی۔''

یہ کہہ کر دادا نے ایک گہری سانس لی اور بادلوں کو تکنے لگا پھر کچھ ہی لمحوں بعد اپنی ڈبڈبائی آنکھوں سے آسمان پر چاند کو ڈھونڈنے لگا مگر بادل کچھ اس طرح تہہ در تہہ ایک دوسرے پر چڑھے ہوئے تھے جیسے وہ چاند رات نہیں بلکہ اماوس کی رات ہو۔ چاند کو نہ پا کر دادا نے مایوسی سے اپنی آنکھیں بند کرلیں اور ایک بار پھر کھوئے ہوئے منظر سے خود کو جوڑنے کی کوشش کرنے لگا۔ چارپائی کے بان بوڑھے دادا کے بوجھ سے پل بھر

کے لیے چرچرائے اور اپنی کھوئی ہوئی نیند ڈھونڈنے لگے مگر چارپائی کے بانوں کی آواز سن کر دادا کا پوتا کسمسا سا گیا اور پھر دادا کا دامن کھینچ کر پوچھنے لگا۔۔ ''دادا پھر زمین کا کیا بنا؟''

''۔۔۔فضاء ہوا میں ڈھلی، پہلے پہل تو بہت ہی بھڑکی اور اپنی آگ میں خوب ہی جلی مگر پھر زمین کے کرب میں اشکبار ہوتی چلی گئی اور بالاخر پانی پانی ہونے لگی۔ آگ جو ٹھنڈی ہوئی، زمین کی کوکھ پھر سے ہری ہونے لگی۔ ہر طرف سبزہ اُگنے لگا پھر اُس میں مور بھی ناچنے لگے۔ چپکے چپکے زمین کا سینہ دودھ سے بھرنے لگا۔ ممتا کی ماری اپنا کرب بھول کر سانپوں کو دودھ پلانے لگی۔ ''بانجھ کوکھ سے، کرب پیدا ہوتا ہے، امن و سکون نہیں'' فضاء نے زمین کی تنبیہ کی مگر جیسے شکاری کے جال میں کسی بے بس پرندے کی طرح، وہ تخلیق اور ممتا کے درمیان محض پھڑ پھڑا کر رہ گئی۔ دوسری طرف زمین آستینوں کے سانپ پیدا کرنے لگی جو انسانوں کی شکل میں تھے اور اپنے پوٹوں میں زہر چھپائے بیٹھے تھے۔''

یہ سُن کر پوتے نے اپنی دونوں آستینوں سے ہاتھ نکال لیے اور دادا کے دامن کو اپنی مٹھیوں میں بھینچ لیا۔ دادا نے پیار سے پوتے کو سہلایا اور دھیمے سے دلاسا دیا۔ ''جیسے تم مجھ سے جڑے ہو میرے پوتے، گزرے اور آنے والے وقتوں کی طرح دامن بھی آستینوں سے سلے ہوتے ہیں،۔۔'' ایک لمحے کے لیے امید کی کوئی انجانی کرن پوتے کی خوابیدہ آنکھوں میں چمکی مگر پھر اماوس کے گہرے اندھیرے میں ڈوبتی چلی گئی کیونکہ دادا کی پلکوں کا آنسو جو چاند کی طرح چمک رہا تھا وہ اصل میں چاند نہیں تھا۔ چاند تو واقعی تہہ در تہہ بادلوں تلے چھپا ہوا تھا۔ پوتے نے غمناک آواز میں دادا سے پوچھا۔ ''اچھا پھر زمین کا کیا بنا؟''

''۔۔۔فضاء زہریلی ہواؤں سے بھرنے لگی۔ زمین کے آستین کے سانپ اُسے

ڈسنے لگے اور اُس کی کوکھ کو سانپوں سے بھرنے لگے۔ اُن کے زہر سے فضاء ایسی آلودہ ہوئی کہ خود اُس کے لیے بھی سانس لینا مشکل ہوتا چلا گیا۔ اِن آستین کے سانپوں نے زمین کے جگر کو ٹکڑے ٹکڑے کر دیا اور پھر وہ ایک دوسرے کے بچوں کو کھانے کے لیے اپنے قد سے بڑے ناگ اور اژدھے بنانے لگے جو اپنے منہ سے ہر رنگ کی آگ پھینکتے تھے اور لمحے بھر میں کھربوں اربوں زندگیوں کو موت سے بدل دیتے تھے۔ زمین کے سینے کو آگ سے بھر دیتے تھے اور اُس کی کوکھ سے وہ نفرت پیدا کرتے کہ زمین بانجھ کوکھ کی خواہش میں رونے لگتی تھی۔''

بوڑھا دادا یہ کہہ کر بلک بلک کر رونے لگا اور پھر آسمان کی طرف دیکھ کر سسکیاں بھرنے لگا۔ اچانک پوتے کو لگا جیسے دادا کے آنسوؤں میں چاند چمک رہا ہو۔ پوتے نے بیتابی سے دادا کا دامن کھینچا اور کہا۔۔ ''دادا چاند نکل آیا۔'' بوڑھے دادا نے سر اُٹھا کر چاند کو دیکھا تو اُس کا چہرہ خوف سے فق ہو گیا۔۔ زمین کا ایک ناگ چاند کے سینے کو چیر رہا تھا۔

لمحے بھر کے لیے چاند کا دل کانپا اور پھر اُس کا سینہ بھی چھلنی ہوتا چلا گیا۔

چاند پر کے بادل ایک کے پیچھے ایک چھپ رہے تھے۔ آگ اور دھویں کا ایک طوفان تھا جو اُس کے چٹان جیسے سینے سے نکل کر آس پاس کے بادلوں کا دم گھونٹ رہا تھا۔ آگ کی لپٹیں اُس کو تہہ در تہہ کو جلا رہی تھی۔۔۔

آٹو بائیو گرافی

اگلے ہی لمحے ایک بھپری ہوئی موج نے سارے سمندر کے سکوت کو سالم ہی نگل لیا اور عبدلخالق کے قلم کی نوک کسی ڈوبتی ناؤ کے بے بس چپو کی طرح سطحِ آب میں چھپے ناچتے ہوئے حلقوں میں پھنستی چلی گئی۔ آسمان بادلوں کے پردوں کے پیچھے چھپ کر گہرا سیاہی مائل ہونے لگا، ہوائیں بے بس بگولوں کی طرح اپنے محور پر ناچنے لگیں اور عبدالخاق کے قلم کی نوک سے پہلا لفظ کسی موج کی شکل میں نکلا اور اُس کی زندگی کی ناؤ کو ستیاسی برس پیچھے دھکیلنے لگا۔۔۔ آٹو بائیو گرافی ساحل سمندر کی پر شوخ ہوا نے نہ جانے کیا اُس بوڑھے کہانی کار کے کان میں سر گوشی کی تھی کہ وہ جھنجلا کر بنا بادبان کے خیالوں کی کشتی ہی لیے، زندگی کے گہرے سمندروں میں خود کی تلاش میں نکل کھڑا ہوا تھا۔ اپنی تخلیق کی پہلی سطح کو کریدنے کے خاطر پہلے پہل تو اُس کے قلم کی نوک کس قدر رعونت سے کسی انجانے عدم میں اُس کو ٹٹولتی رہی اور جب کوئی سُراغ نہ ملا تو تھک کر اُس کی زندگی کی پہلی کاغذی ناؤ کے اردگرد اُسکے چھوٹے چھوٹے نازک ہاتھوں کو ڈھونڈنے لگی۔۔۔ ناؤ بھی تھی اور وہ چھوٹا سا جوہڑ بھی، اُس کے دوست بھی تھے اور سگے پیارے بھی، ہوائیں بھی تھی اور بادل بھی اور اُس کے پیاروں کی آوازیں بھی، مگر۔۔۔ وہ نہیں تھا، کہیں نہیں تھا۔ عبدالخالق خود کو بار بار ڈھونڈتا تھا۔ یہیں تو تھا میں، کہاں کھو گیا؟ وہ خود سے سر گوشی کرنے لگا۔

زندگی موج در موج اُس کو لیے گہرے سمندروں کے سفر پر نکلی تھی۔ اُسے یاد تھا وہ کسی طوفان کی طرح سرکش ہواؤں کو پچھاڑ رہا تھا۔ قدم بہ قدم اُس کے ماں باپ اُس کے سر کی بلائیں لیتے تھے ۔وہ اُن کی ہتھیلیوں کی دعائیں بن کر زندگی کے ہر ایک میدان میں قبول ہو رہا تھا۔ کامیابیاں اُس کے پاؤں چومتی تھی اور ناکامیاں اُس سے سر چھپائے پھرتی تھی مگر اُس کے قلم کی نوک کورے کاغذ کو کرید کرید کر تھکنے لگی تھی۔ اُس کے ماں باپ کے ہتھیلیوں کے نشان بھی تھے اور اُن سے اُٹھنے والی دعاؤں کی سرگوشیاں بھی، اُن کے پرشفقت چہرے بھی تھے اور دلنشین آوازیں بھی، کامیابیوں کے میدان بھی تھے اور اُن میں دوڑنے والے کھلاڑی بھی، ناکامیابیوں کے ڈوبتے سائے بھی تھے اور اُس سے ہارے ہوئے لوگوں کی سسکیاں بھی مگر۔۔۔ وہ نہیں تھا، کہیں نہیں تھا۔ عبدالخالق خود کو پھر بے بسی سے ڈھونڈتا تھا۔ یہی تو تھا میں، کہاں کھو گیا؟ وہ خود سے پھر سرگوشی کرنے لگا۔۔۔

عبدالخالق تھک ہار کر سوئے ہوئے سمندر کو تکنے لگا اور پھر ایک بار اپنے قلم کی نوک سے کورے کاغذ کو کریدنے لگا۔ اچانک اُس کے بوڑھے ہونٹوں پر ایک انجانی سی مسکراہٹ پھیل گئی۔ اُس کی آنکھوں میں کسی کی محبت کے دیے جلنے لگے۔ اُس کے سفید سوکھے بال کسی کی ریشمی زلفوں سے الجھنے لگے۔ خیالوں کی سیاہ شب میں کسی کی محبت کے چراغ جلنے لگے۔۔ مگر جلد ہی چراغ ٹمٹمانے لگے اور پھر وہ تاریکی ہوئی کہ وہ خود کو پانے کی خواہش میں پھوٹ پھوٹ کر رونے لگا اور خود سے پوچھنے لگا۔۔ میں کہاں تھا؟ میں تھا بھی یا نہیں؟ وہ سب جن کے ساتھ میں تھا وہ تو ہیں مگر۔۔ میں نہیں۔ میں خود کو نظر کیوں نہیں آتا؟ کیا میں اندھا ہو گیا ہوں؟ یہ سوچ کر عبدالخالق نے اپنی بوڑھی آنکھوں کو دونوں ہاتھوں سے مسلا مگر گزرے ہوئے منظروں میں اُس کی جگہ خالی تھی۔ ساحل سمندر کی پُرشوق ہوائیں اُس پر کھلا کھلا کر ہنسنے لگی اور سمندر کی ساکت

سطح پر موجوں کو ٹوٹنے لگی مگر اُس وقت تک سمندر سویا ہوا تھا یہ اور بات کہ سطحِ آب کے نیچے بہت نیچے عبدالخالق کی زندگی کی پہلی ناؤ بنا اُس کے نازک ہاتوں کے، گذرے وقت کے گردشی حلقوں میں پھنسی ہوئی اپنے محور پر گھوم رہی تھی۔

عبدالخالق شکستگی سے سمندر کو تکنے لگا اور پھر ایک بار گزرتے وقت کے گردشی حلقوں میں خود کو ڈھونڈنے لگا۔ سمندری ہوائیں اُس کے کانوں کے پاس پھر سے سرسرائی اور چپکے سے اُس کے کان میں کہا۔۔۔ 'موج ہے دریا میں اور بیرون دریا کچھ نہیں' اور اُسے شوخ نگاہوں سے تکنے لگی۔ عبدالخالق حلقہ در حلقہ خود کو اپنی تخلیقات میں ڈھونڈنے لگا۔۔۔ میری زندگی تو میرے تخلیق کردہ کردار تھے میں ضرور اُن کے ساتھ کہیں ہونگا۔ وہ خود سے بڑبڑایا۔ میں کون تھا؟ وہ ایک ایک کہانی کے حلقے میں خود کو ڈھونڈنے لگا۔ میں وہ کارٹون تھا جس کے قول وفعل میں تضاد تھا یا وہ چونے والا تھا جس کا بچہ مسجد میں شہید ہوا تھا؟ یا میں وہ طوائف تھا جو جوان لڑکیوں کی خرید وفرخت کرتی تھی؟ کہیں میں وہ آرٹسٹ تو نہیں تھا جو سجدے میں گر کر خدا سے شکوہ کرتا تھا؟ یا میں وہ بچہ تھا جس کا پہلا پیار اُس کے ساتھ ہونے والا گناہ تھا؟ میں کون تھا؟ عبدالخالق اپنے تخلیق کردہ ایک ایک کردار کو جھنجوڑنے لگا مگر ہر ایک کردار کچھ ہی دیر میں اپنا دامن جھڑک کر اُسے تنہا چھوڑ کر اپنے دائرے میں چلا جاتا اور وہ پھر اندھیرے میں کھوتا چلا جاتا۔ پانی کی بالائی سطح پر چھوٹی چھوٹی موجیں اُن حلقوں کی شدت سے کبھی کبھار بنتی مگر سوئے ہوئے سمندر کو جگانے سے پہلے ہی پھر اپنے اپنے محوروں میں سمٹ جاتیں۔

بالآخر عبدالخالق نے تھک ہار کر اپنے قلم کی نوک کو کسی ڈوبتی ناؤ کے بے بس چپو کی طرح اپنی تخلیق کے سوتوں میں چھپے حلقوں میں پھنسایا اور اپنی زندگی کی کہانی، اپنی شکستگی کی داستان خود کے نہ ہونے کے یقین کے ساتھ لکھنا شروع کیا۔ ساحل سمندر کی پر شوخ ہوائیں اس بار اُس کے کان میں سرسرانے کے بجائے گونجنے لگی۔۔۔

'احساسِ شکستگی خود آگہی کی پہلی منزل ہے'!

یکا یک آسمان بادلوں کے پردوں کے پیچھے چھپ کر گہرا سیاہی مائل ہونے لگا، ہوائیں بے بس بگولوں کی طرح اپنے محور پر ناچنے لگیں، لفظ اُس کے قلم کی نوک سے موج در موج کی شکل میں نکلنے لگے اور اُس کی زندگی کی ناؤ کو ستیاسی برس پیچھے دھکیلتے چلے گئے۔۔۔آٹو بائیوگرافی۔۔۔اگلے ہی لمحے پانی کی زیریں سطح پر بننے والا ایک حلقہ کسی بپھری ہوئی موج کی شکل میں ڈھل گیا اور دیکھتے ہی دیکھتے سارے سمندر کے سکوت کو سالم ہی نگل لیا۔۔۔عبدالخالق خود کو پا کر خوشی سے رونے لگا۔

کوڑے، جو درد سے چیختے تھے

ہوا تھوڑی سی سرسرائی اور پھر یک لخت اَن گنت ریزوں میں بٹتی چلی گئی۔ بکھرے ہوئے ریزے لمحے بھر کے لیے انگاروں کی طرح دہکنے لگے مگر پھر جلد ہی خود اپنے آپ میں جل کر بھسم ہونے لگے اور باقی بچنے لگا کچھ ملگجا سا دھواں، جو تماشہ دیکھنے والوں کی آنکھوں کو دھیمے دھیمے جلانے لگا مگر ساتھ ہی اُن کے دلوں کے دم بھی گھونٹنے لگا۔ وہاں کس کو معلوم تھا کہ ہوا کے سینے میں تو اُن کوڑوں کا درد تھا جو انجانے میں حیوانی جذبوں کی ایک ایسی دہکتی آگ سے آشنا ہو گئے تھے جو تماشہ دیکھنے والوں کے کسی وہم و گمان میں بھی نہ تھی۔ تالیوں اور نعروں کی گونج میں کوڑے کرب سے چیختے تھے مگر سوائے بدنصیب ہوا کے کوئی بھی نہ تھا جو اُن کے درد کی شدت کو محسوس کرتا اور پھر ہوا ہی اُس کرب کو اپنے نازک بدن پر جھیلتی اور پھر درد سے ریزہ ریزہ ہو جاتی۔

ہوا اور کوڑوں کا یہ دردناک ملاپ اُس سلگتی ہوئی دوپہر میں ہوا تھا جب ٹکٹی پر بندھی چاند بی بی زناکاری کے جرم میں چالیس کوڑوں کی سزاوار قرار پائی تھی۔ تماشائیوں کے نعروں اور تالیوں کی بازگشت میں چاند بی بی کی کربناک چیخیں صرف اُن آوازوں کو شکستگی سے ڈھونڈ رہی تھی جو گناہ گار نہیں تھیں۔ شروع شروع میں تو اُس کے گداز بدن کی پشت پر پڑنے والا ہر ایک کوڑا اُس کی نازک کھال کو یوں چھیلتا رہا جیسے اس کی بدکار روح کو اُس کے چھلے بدن کے کسی نہ کسی کونے سے باہر نکال کر ہی دم لے گا مگر

پھر جلد ہی کوڑوں کو یوں لگنے لگا جیسے اُن کی ہر ایک ضرب خود اُن کے ہی بدن کو کاٹ کر کسی انجانے گناہ سے اُس کے کونے کونے کو بھر رہی ہے۔ یہ ایک عجیب احساس تھا جس سے کوڑے اس سے قبل کبھی بھی دوچار نہیں ہوئے تھے۔ وہ تو نیکی اور بدی کے تعلق سے بے نیاز ہمیشہ اپنے چلانے والے کے زورِ بازو کے غلام رہے تھے۔ وہ تو کتنے ہی بار زانی اور شرابی مردوں اور عورتوں کے بدن پر جہنم کی دہکتی آگ کی طرح پڑتے رہے تھے مگر اس بار اُنہیں لگا تھا جیسے بیچ بازار یا تو خود اُن کے ساتھ ہی زنا ہو رہا ہے یا پھر وہ کسی کے ساتھ بدکاری کر رہے ہیں۔

چاند بی بی کچھ دیر میں چاند کی طرح پیلی پڑنے لگی تھی۔ اب اُس کی چیخوں کی شدت میں کمی آ رہی تھی۔ کوڑوں کو لگنے لگا تھا جیسے چاند بی بی نے اب اپنے پر پڑنے والی بے رحم ضربوں سے ہار مان لی ہے۔ اب اُن کی ہر ضرب چاند بی بی کے بدن کے لیے محض ایک خفیف سی حرکت کا سبب بننے کا سبب بن رہی تھی۔ تماشہ دیکھنے والوں کے جوش خروش کی شدت میں بھی کمی آ رہی تھی۔ نعروں اور تالیوں کی آوازیں چاند بی بی کی سسکیوں کے بغیر محض ایسے ڈھول کی تاب بنتی جا رہی تھی جس کی رسیاں اب ڈھیلی ہو رہی تھیں۔ مگر کوڑوں کا بوجھ اب بھاری سے بھاری تر ہوتا جا رہا تھا۔ اُن کے بڑھتے بوجھ سے اب چاند بی بی کے بجائے، اردگرد کی ہوائیں کٹنے لگی تھیں۔ وہ ریزہ ریزہ ہو کر کوڑوں سے رحم کی فریاد کرنے لگی تھیں۔ کوڑوں کے اندر کی جھلستی آگ ہوا کے ریزوں کو اب بکھیر کر انگاروں کی طرح جلانے لگی تھی۔ اُن سے اُٹھنے والا ملگجا دھواں تماشہ دیکھنے والوں کی آنکھوں کو دھیمے دھیمے جلاتا تھا مگر ٹکٹکی پر بندھی چاند بی بی کے گداز بدن اور اُس کی پُشت پر پڑنے والی ضربوں کے سنگم سے پیدا ہونے والے کوڑوں کے منوں بوجھ کو اُنہیں دکھانے سے قطعی قاصر تھا۔

کوڑوں کا بوجھ۔۔ جو اُس کے مارنے والے کی بے لگام جنسی لذت کی خواہش

سے پیدا ہور ہا تھا اور چاند بی بی کے نرم و گداز بدن پر پڑنے والی ہر ایک ضرب سے اُ
س کے لیے جنسی تسکین کا مسلسل سبب بن رہا تھا۔ بے بس کوڑے جو چاند بی بی کی
طرح زنا کے مرتکب ہو گئے تھے۔ وہ نہ چاہتے ہوئے بھی اپنے مارنے والے کے غلیظ
گناہ میں برابر کے شریک تھے اور اب اپنے کرب کا سارا بوجھ ہوا پر ڈال کر اُسے ریزہ
ریزہ کر رہے تھے۔

تمغۂ جُرأت

پھر ایک کرب ناک خاموشی کچھ لمحوں کے لیے اُن سفید پوش بیواؤں اور یتیم بچوں کے اندر ماتم کی طرح گونجنے لگی۔ سسکیاں اُن کی ناکوں کے سِروں پر قطار در قطار آنسوؤں کی شکل میں ٹھیرنے لگیں، آہیں سانسوں کی شکل میں اُن کے سینوں کے زیرو بم میں بسنے لگیں۔ یکا یک ایک فوجی آواز فضا کا سینہ چیرنے لگی اور شہیدوں کے ناموں سے بیواؤں کو طلائی تمغے اور سلائی مشینیں نوازی جانے لگیں۔

لانس نائیک شفقت رسول شہید کی بیوہ نے اپنی کرسی کے دونوں داہنوں کو اور بھی مضبوطی سے تھام لیا، پل بھر میں اُسے لگا جیسے اگر اُس کی کرسی پر گرفت ذرا بھی دھیمی پڑی تو وہ سیدھی زمین پر ڈھہ جائے گی اور کرسی کے نیچے بچھی ہوئی یہ بے درد زمین اُسے بھی اُسی طرح درندگی سے نگل جائے گی جس طرح اُسکے جوان جہان شوہر کو زندہ چبا گئی۔۔زمین۔۔ماں جائی۔۔اُس نے حقارت سے سوچا۔۔اونہہ۔۔اُس کا اندر ہی اندر جلنے لگا۔۔آگ تھی جو اُس میں پھیلتی ہی چلی جارہی تھی۔۔اور پھر لمحے بھر میں شعلے آسمانوں سے باتیں کرنے لگے۔پل بھر میں آگ کے شعلوں میں اُس کے ارد گرد پھیلی ہوئی ساری ہی روشنیاں راکھ ہوگئی اور پھر یکا یک وہ گھُپ اندھیرا پھیلا کہ وہ خود کو آس پاس نہ پا کر بلک بلک کر رونے لگی۔ذرا سی دیر میں آنسو جو پلکوں سے گرے تو دھوئیں کا ایک بادل سا اُٹھا اور اُس کے ارد گرد کا نظارہ ایک نئے ہی منظر میں

ڈھلنے لگا۔۔

زمین ۔۔ایک بھیانک عفریت کا روپ دھارے خلاؤں میں گھوم رہی تھی۔ انسانی ہڈیوں سے بھرا قبرستان زمین کے دہانے سے دھیرے دھیرے اُتر کر اُس کی آنتوں کو بھر رہا تھا۔ گرم گرم خون کی لہریں اُس کی رگوں میں موج در موج اُبل رہی تھیں اور ٹھاٹھے مارتے ہوئے اُس کی شہ رگ کو سیراب کر رہی تھیں۔۔۔ یہ خون ہی تھا جو پگھلتا تھا تو اُس کے بدن کے سیاہ بدبودار تیل کے ندی نالے بن جاتا تھا اور جو جمتا تھا تو سونے، چاندی اور پیتل کی دھاتوں کی شکل میں ڈھل کر اُس کے پیٹ میں جمع ہو جاتا تھا۔ مگر پھر بھی وہ بھاری بھرکم بدنما سا پھولا ہوا پیٹ، اپنی بھوکی نظروں سے خود پر پھیلے ہوئے انسانی زندگیوں کے بے کراں سمندر کو للچائی نظروں سے تک رہا تھا۔ دور خلا میں پھیلے ہوئے اُس کے ان گنت بازوں انسانی گردنوں کو دبوچنے کے لیے بے تابی سے خود کو مسل رہے تھے۔۔۔ وہ خوفناک عفریت ہر ایک لمحے میں سیکڑوں بار اپنی شکل بدلتا تھا۔۔۔ کبھی بھیانک زلزلہ بن کر ہزاروں، لاکھوں بے بس لوگوں کا زندہ نوالہ بنا لیتا، تو کبھی لمحے بھر میں اُنہیں آندھی وطوفان میں سمیٹ کر اپنے بھوکے معدے کا حصہ بنا دیتا، کبھی گل گلزار میں ڈھل کر معصوم انسانوں کو للچاتا اور پھر اُن کی لاشوں کے تر نوالے چباتا تو کبھی مادر وطن اور دھرتی ماتا کا تلنگا بن کر جنگ کے دلدل میں اُنہیں جھونک دیتا اور پھر اُن کی لاشوں پر لپٹ کر بے رحمی سے اُنہیں اپنے سینے میں اُتار لیتا۔۔۔

اچانک فوجی بینڈ اور توپوں کی بھونڈی آوازوں سے فضا کا سینہ پھر سے شہید ہونے لگا۔

لاس نائیک شفغت رسول کی بیوہ جھرجھری لے کر اپنی جگہ پر کانپنے لگی۔ اُس نے سہمی سہمی نظروں سے ارد گرد دیکھا۔ ہر ایک بیوہ طلائی تمغے ہاتھوں میں لیے، سر جھکائے

اپنی اپنی سلائی مشینوں کو، کھوئی کھوئی نظروں سے تک رہی تھی۔ پل بھر میں اُسے لگا جیسے اُس کے اردگرد پھیلی ہوئی بے رحم زمین نے ان عورتوں کے شوہروں کو چبا کر سلائی مشینوں سے بدل دیا ہو اور پھر اُنہیں کے لہو کے رنگوں سے سجے دھجے طلائی تمغوں سے نواز دیا ہو۔ ایک شدید نفرت کا طوفان اُس کے اندر سے اُٹھا اور اُس نے غصے سے اپنے پاؤں زمین پر رکھ دیے جیسے اُس کے سینے پر جوتے رکھ کر اپنے سینے میں لگی آگ کو ٹھنڈا کرنے کی کوشش کر رہی ہو اور جب اُس سے مزید برداشت نہ ہوا تو اچانک کھڑی ہو کر اپنے پیروں سے زمین کو بار بار روندنے لگی اور منہ ہی منہ میں بڑبڑانے لگی۔۔ مائیں اپنے بچوں کا خون نہیں پیتی، مائیں اپنے بچوں کا خون نہیں پیتی۔

کچھ ہی دیر میں فوجی بینڈ پھر سے چپ ہو گیا اور ایک بار پھر شہیدوں کے نام پکارے جانے لگے۔

اس بار پہلا نام لاس نائیک شفغت رسول شہید کا تھا۔

''لاس نائیک شفغت رسول شہید۔۔ رجمنٹ ۲۱۲، مادرِ وطن کے لیے جان کا نذرانہ دے کے تمغہ جرات کے حق دار قرار پائے۔''

یہ سنتے ہی لاس نائیک شفقت رسول کی بیوہ دوڑتی ہوئی فوجی افسروں کے پاس پہنچی۔۔۔ اور اپنی پوری جُرت سے اُن سے چیخ چیخ کر کہنے لگی۔۔ یہ دھات کا ٹکڑا اور لوہے کی مشین اس کلموہی زمین کو واپس کر دو اور میرے شوہر کا خون اِس سے واپس لے لو۔

بُو

دین محمد نے پیٹی کھولی اور مال پر نظر ڈالی۔

بھیڑوں اور دنبوں کی سوکھی ہوئی رنگ دار کھالیں تہہ در تہہ ایک دوسرے پر قرینے سے رکھی ہوئی تھیں۔ ہر ایک کھال اپنے زخم خوردہ ماضی سے بے نیاز، ایک دوسرے سے بنا بدن ہی جڑی، درد کے رشتے بانٹ رہی تھی اور چپکے چپکے آپس میں مل کر اپنے اور انسانوں کے درمیان اِس بھیانک رشتے پر قدرت سے شِکوہ کر رہی تھی۔ دین محمد نے ایک اُچٹتی سی نظر تمام کھالوں پر ڈالی اور پھر نہ جانے کس خیال سے سب سے اوپر رکھی کھال پیٹی سے نکال کر اُس کو قریب پڑے لکڑی کے تختے پر بچھا دیا "اُونہہ۔۔اس قدر چھوٹی کھال۔۔آج کل لگتا ہے سالوں کو بڑی بھیڑیں بھی دستیاب نہیں۔۔دیکھو تو، لگتا ہے کوئی میمنا ہی ذبح کر دیا۔۔اب اس سے کیا خاک جیکٹ بنے گی۔۔ہاں شاید سر کی ٹوپی بن جائے۔" دین محمد خود سے بڑبڑایا، "خیر مجھے کیا۔۔کارخانے والوں کے دھندے وہ ہی جانے۔۔سالا میں نے کوئی ٹھیکہ لیا ہے۔۔جیسا مال آئے گا ویسا ہی سپلائی کرونگا نہ"، یہ کہہ کر دین محمد نے لکڑی کے تختے سے کھال اُٹھا کر پیٹی کے اوپر ہی پٹخ دی، اچانک اُسے لگا جیسے ایک تیز چبھتی ہوئی بو اُس کھال سے نکل کر اُس کے نتھنوں کے راستے مغز کی نچلی تہہ کو چیرتی چلی گئی۔ لمحے بھر کے لیے تو جیسے وہ اپنے سارے ہوش ہی کھو بیٹھا، اُسے لگا جیسے ایک ننھا مُنا ریشم کے گولے جیسا بھیڑ کا بچہ اُس

کی گود میں پڑا درد سے کراہ رہا ہے۔۔اور پھر کچھ ہی دیر میں پھر اُس کے حواس بہتر ہوتے چلے گئے۔ چند دنوں میں دین محمد کو لگا جیسے وہ بو نہ صرف اُس کی ناک میں بُری طرح سے بس گئی ہے بلکہ اُس کے چاروں طرف پھیل سی گئی ہے۔۔۔دکان کے ہر ایک کونے سے دیواروں اور چھتوں کی کواڑوں تک، کھڑکیوں اور دروازوں سے گلیوں اور محلوں تک، کھانے اور پانی سے دوستوں اور رشتے داروں تک۔۔سوتے جاگتے، اُٹھتے بیٹھتے بس یہی بو اُس کو متلائے رکھتی تھی۔

دین محمد پچھلے پچیس سالوں سے چمڑے کی جیکٹس اور جوتوں کے کارخانوں کو سوکھی ہوئی رنگ دار کھالوں کی سپلائی کا دھندہ کر رہا تھا۔ وہ قریب و جواد کے ذبح خانوں سے ہر ہفتے تازہ کٹی ہوئی دنبوں اور بھیڑوں کی کھالوں کو پیٹیوں میں اُٹھاتا، اپنے ٹوٹے پھوٹے ٹرک پر لادتا اور اڑھائی تین میل کے فاصلے پر شیر زمان رنگ ریز کی دکان پر پھینک آتا۔۔شیر زمان رنگ ریز پچھلے کسی زمانے میں روپٹوں اور قمیص شلواروں کو کچے پکے رنگوں سے رنگا کرتا تھا مگر پھر جب اُس نے کپڑوں کے ساتھ ساتھ چمڑے رنگنے کا دھندہ بھی شروع کر دیا تو اُس کے کپڑے رنگوانے والے گاہک ایک ایک کر کے غائب ہو گئے، کم و بیش ہر ایک گاہک نے رنگے ہوئے کپڑوں میں مرے ہوئے جانوروں کی بو کی شکایت کی تھی حالانکہ اُس نے گاہکوں کو کتنا ہی جتایا تھا کہ کپڑے رنگنے کے برتن اور کھالیں رنگنے کی کڑھایوں میں زمین آسمان کا فرق ہے مگر شک کا علاج تو حکیم لقمان کے پاس بھی نہیں تھا، وہ تو محض ایک معمولی رنگ ریز تھا۔ اور پھر کچھ عرصے میں خود شیر زمان کو بھی صرف چمڑے رنگنے میں ہی مزا آنے لگا۔ وہ پہلے پہل کھالوں کو کئی گھنٹوں تک نمک ملے گرم پانی میں خوب ہی اُبالتا، پھر اُنہیں دیر تک کافور کی دھونی دیتا اور پھر مچھلی کے تیل کے ڈبے میں ڈبکی دے کر لکڑی کی سِل پر بچھا دیتا اور ڈنڈوں سے خوب ہی پیٹتا اور پھر اُنہیں رنگنے کے لیے کڑاہی میں

چھوڑ دیتا، اُس کو پورا یقین تھا کہ اس ساری ورزش کے بعد چمڑے سے مرے جانور کی بو ایسے ہی نکل جاتی ہے جیسے قصاب کی چھری پھرنے سے جانور کی روح۔۔

آخر کار تھک ہار کر دین محمد نے حکیموں، طبیبوں کے مطب خانوں سے لے کر پیروں فقیروں کے آشیانوں تک کے چکر لگانے شروع کر دیے مگر اُس کی مایوسی میں اُس وقت اور بھی اضافہ ہو گیا جب اُسے وہاں بھی علاج کے بجائے اِسی بو سے سابقہ پڑنے لگا۔ تھک ہار کر ایک شام وہ شیر زمان کی دکان پہنچا، اُسے خیال آیا کہ ہو نہ ہو اُس کی اِس حالت کا زمہ دار شیر زمان ہی ہے۔ اُسے یقین ہو چلا تھا کہ شیر زمان کے گاہکوں کا کہنا بجا تھا۔۔ وہ کھالوں کو اچھی طرح دھوتا ہی نہ ہو گا اسی لیے تو اُن کے کپڑوں سے بھی مرے ہوئے جانوروں کی بو آتی تھی۔

اور پھر اِس سے قبل کہ وہ غصے میں شیر زماں کی دکان کا دروازہ زور زور سے بجاتا اُسے لگا جیسے بند دکان کے اندر کوئی گھٹی گھٹی سسکیوں کے ساتھ رو رہا ہے۔ دین محمد نے اپنے سارے غصے کو ایک ہی سانس میں اپنے سینے میں گھونٹ دیا اور دھیمے سے دروازے کا ایک پٹ سرکا کر دکان کے اندر جھانکا۔ اُسے لگا جیسے دکان کے باہر کی روشنی دروازے کی کھلتی دراڑ سے یکا یک نکل کر دکان کو اندر سے روشن کر گئی اور شیر زمان کے روتے ہوئے سایے کو زمین سے کھینچ کر چھت تک لگا گئی۔ دین محمد نے حیرت و استعجاب سے روتے ہوئے شیر زمان کو دیکھا جو دکان کے ایک کونے میں اپنے دونوں گھٹنوں کے بیچ سر دیے بلک بلک کر رو رہا تھا۔ ''ابے سالے تجھے کیا ہو گیا، کیوں بلک بلک کر رو رہا ہے، تیرے بیوی نہ بچے، سگے نہ سوتیلے۔ مرے ہوئے بھیڑوں کی سڑی ہوئی کھالوں کی بو سے میرے نتھنے پھٹے جا رہے ہیں اور تو ہے کہ بچوں کی طرح یہاں بلک رہا ہے۔'' دین محمد نے شیر زماں کو چمکار کر کہا۔

شیر زمان نے اپنی روتی ہوئی ڈبڈباتی آنکھوں سے دین محمد کو دیکھا اور کہا: '' پگلے

جب بو بہت تیز ہوتو وہ آنکھ کا آنسو بن جاتی ہے ۔ تو نے تو صرف پیٹی کی ایک کھال سونگھی تھی ، میں نے تو اُس کی ساری ہی کھالیں رنگیں تھیں ۔۔۔ جس شہر میں لوگ بھیڑوں کے ریشم جیسے بچوں کی کھالوں کی ٹوپیاں اور جیکٹس فیشن کے طور پر پہنتے ہوں وہاں آنکھوں میں آنسو اور ناکوں میں مرے ہوئے بچوں کی بو ہی بستی ہے ‘‘

یا بی بی سیدہ

مجھے معلوم ہے کہ زندگی کا عرصہ متعین ہے۔ تمام جانداروں کی طرح انسانی جسم کا بھی ایک مخصوص دورانیہ ہے اور یہ بھی کہ Non Being سے Being کی کیفیت میں شامل ہونا اور دوبارہ Non Being کی طرف جانے کا عمل صدیوں سے اس سیارے پر جاری ہے۔ خود میں بھی تو اوروں کی طرح اچانک اسی حادثے کا شکار ہو گیا تھا اور اب اسی مخصوص دورانیہ سے گزر رہا ہوں۔ مجھے یہ بھی معلوم ہے کہ انسانی دماغ صدیوں کے ارتقائی مراحل کے بعد بلوغت کی اعلیٰ منازل طے کر چکا ہے اور شاید سیکھنے کا یہ سلسلہ ہی انسانی عمل کو عادتوں میں اور عادتوں کو تہذیبوں میں تبدیل کرتا رہتا ہے۔ اکثر و بیشتر ہم نیند کی حالت میں انسانی ذہن کی کیفیات اور نیوروٹرانسمیٹر (Neurotransmiters) کی تبدیلی کے عمل کو جاگنے کے بعد بیان کرنے کے لائق ہو جاتے ہیں مگر مرنے کے بعد دماغی تبدیلیوں کو بتانے سے قاصر ہیں۔ روحانیت کی مضبوط بنیادیں شاید اسی وجہ سے اپنی موجودگی کا سبب بن گئی ہیں۔

پیدائش کے چند سالوں بعد ہی امی کے ایک جملے نے مجھ پہ زندگی کے بہت سے راز منکشف کر دیے تھے۔ میں شاید چھ یا سات برس کا تھا جب میں نے امی سے تتلاتے ہوئے کہا تھا کہ...... ''میں سوچتا رہتا ہوں پر سوچ ہی نہیں آتی''...... اور امی اک دم سے کھلکھلا کے ہنس پڑیں تھیں اور کہنے لگیں...... 'بیٹا! خوب پڑھنا اور پھر غور

کرنا، اس کے بعد ہی سوچنے پر سوچ آئے گی، مجھے یاد ہے میرا معصوم دماغ اس وقت شاید اس بات کے مطلب کو سمجھ بھی نہیں پایا تھا مگر آج جب اس جملے کی بالیدگی پہ غور کرتا ہوں تو اک اک کر کے زندگی کے سارے پردے پورے معنوں کے ساتھ میرے سامنے سے گرنے لگتے ہیں۔

وقت کس قدر تیزی سے گزر جاتا ہے۔ جب میں ۹ یا ۱۰ برس کا تھا، شام کے آخری پہر میری آنکھ لگ گئی تھی اچانک میں نے خواب میں دیکھا کہ میں ایک بوڑھا سا آدمی بن گیا ہوں جو لکڑی ٹیک ٹیک کر چل رہا ہے اور سوچ رہا ہے کہ عمر کا اگلا مرحلہ کیا ہوگا......موت؟ اف، میں پسینے میں شرابور اٹھ گیا تھا، پھر میں نے امی سے اس خواب کا تذکرہ کیا تھا۔ امی نے جواب دیا تھا۔ 'بیٹا خوب پڑھنا لکھنا، پھر تم دیکھو گے یہ بڑھاپا تم پر کبھی نہیں آئے گا'......اف میرے خدایا یہ جملہ آج بھی میرے ذہن میں گونجتا رہتا ہے۔ کس قدر معنی ہیں اس جملے میں...... بڑھاپا اگر علامتی اظہار ہے جاہلیت کا تو علم ایک مستقل جوانی ہے۔ میری امی کس قدر عام سی لگنے والی خاتون تھیں پر ان انسانی فطرت پر کس قدر گہری نظر تھی! کبھی بھی میں نے انہیں زور سے بات کرتے نہیں دیکھا، ایک بار بھی تو نہیں۔ اس کی وجہ شاید وہ Power of tolerence تھی جو ہر آدمی کا حصہ نہیں۔ ہم روتے ہیں، چیختے ہیں، چلاتے ہیں۔ زندگی کے چھوٹے سے چھوٹے مرحلے پر بھی ہمارے آنسو نکل آتے ہیں، مگر وہ......تمام زندگی ایک باوقار عورت کی طرح رہیں۔ اس کے باوجود کہ ڈیڈی کی مستقل آمدنی کبھی بھی نہ تھی اور اس پر گھر میں آٹھ بچے، جن میں لڑکیاں تو شروع ہی میں تھیں پھر ان کی شادیاں، تعلیم کے اخراجات، سوشل ایڈجسمنٹ، تربیت کے اعلیٰ مدارج اور زندگی کے ہر مرحلے پہ ڈیڈی کی شخصیت سازی میں ان کے ساتھ ساتھ اور ان کے لیے ذہنی سکون کا سبب...... یہ سب آسان نہیں تھا۔ ہمارے غیر متوازن معاشرے میں اس

قدر توازن کہ ہر بچے کی زندگی اس کے ذہنی اور عملی معیار کے مطابق، بلکہ سچ تو یہ ہے کہ اس سے بھی کہیں زیادہ۔ میں اکثر اپنے ارد گرد دیکھتا ہوں، دو یا چار بچوں کے بعد ہی ماؤں کا ذمہ داریوں کا شور، شوہر کے بے روزگار ہونے پر گھر میں برتنوں کے ٹوٹنے کی آوازیں اور معاشی حیثیت بدلنے پہ پوری شخصیت کا اتھلا پن، معمولی معمولی باتوں پہ طلاق تک کی نوبت اور فضول ہوائی باتیں......امی تو کوئی خاص ڈگری یافتہ بھی نہیں تھیں، تو کیا شخصیت کی تعمیر میں ڈگری کا حصہ نہیں ہوتا؟ میں اب بھی سوچتا ہوں کہ ان میں اس قدر ضبط کا مادہ کیوں اور کیسے تھا۔ وہ اکثر ان باتوں کو سن کر مسکرا دیتی تھیں اور زیادہ سے زیادہ یہی کہتی تھیں کہ آج کل کے بچے تعلیم یافتہ تو ہیں پر تربیت یافتہ نہیں۔ اس سے زیادہ میں نے ان سے نئی نسل کے لیے کوئی شکوہ نہیں سنا۔ ہمارے گھر ساس بہو کا جھگڑا تو دور کی بات تکرار بھی نہ تھی اور اس کی بنیادی وجہ امی اور ڈیڈی کی بیٹوں اور بیٹیوں سے زیادہ بہوؤں اور دامادوں کا خیال اور محبت تھی۔ کتنے آسان اصولوں سے انہوں نے اپنے گھر کو جنت بنایا ہوا تھا، تمام روایتی گھرانوں سے مختلف اور اعلیٰ اقدار کے ساتھ......اور مجھ کو یہ بھی یاد ہے کہ میرے میڈیسن میں داخلے کے وقت انہوں نے مجھ سے کہا تھا کہ میں چاہتی ہوں کہ تم فزیشن بنو، تا کہ تمہیں عبادت کا مطلب سمجھ میں آجائے۔ آہ اور یہی ہوا جب میں نے اسپتالوں میں روتی ہوئی آنکھیں اور ضبط کرتے ہوئے سرخ چہرے دیکھے تو مجھے پتہ چلا کہ بعض اوقات چند الفاظ تمام عبادتوں سے افضل ہوتے ہیں اور مجھے وہ بھی تو یاد ہے جب میں Post Graduation کی نیت سے امریکا جانے کے لیے گھر سے نکل رہا تھا۔ کس قدر طویل رات تھی وہ.....میں ان کے پاس بیٹھا ان سے کہہ رہا تھا۔ 'امی نہ جانے میرے دل پر دباؤ سا کیوں ہے' پتہ نہیں میں اپنے ارادوں میں کامیاب ہوں گا بھی یا نہیں۔' امی نے جواب دیا تھا..... 'بیٹا خود پہ بھروسہ رکھو اور میں بھی تو تمہیں خود کو ثابت کرتے ہوئے دیکھنا چاہتی

ہوں'........وہ ہمیشہ کم بولتی تھیں مگر ہر لفظ جیسے معنی سے بھرا ہوتا۔ شاید یہ امی کا دیا ہوا ہی اعتماد تھا کہ جب میں گھر سے نکل رہا تھا اور ڈیڈی سے کہا تھا......'ڈیڈی مجھے جانے دیجیے......اللہ ہے نا......میرے لیے کافی ہے'........اور پھر جب میں نے امریکن بورڈ کی ڈگری لے لی تو امی نے میرا ماتھا بھی چوما تھا اور کہا تھا.....'دیکھا بیٹا، مجھے یقین تھا'.....ڈیڈی کافی برسوں سے امریکا آرہے تھے مگر امی اکثر و بیشتر لوگوں کے بلانے پر بھی امریکا جانے سے گریز کرتی تھیں۔ میں نے امی سے کہا تھا.....'امی آپ امریکا آیئے نا، دیکھئے یہ جگہ پاکستان سے کس قدر مختلف ہے.....امی کہنے لگیں'ہاں بیٹا اب میں وہاں ضرور آؤں گی، کیونکہ تم اب وہاں ہو، وہاں اب میرا اپنا گھر ہے پھر وہاں رہ کر میں تمہارے ابو کے دوستوں کی فیملیز (Families) سے بھی ملوں گی۔ عزت نفس ان کے لہجے میں نمایاں رہتی تھی۔ مجھے یہ بھی تو یاد ہے کہ جب میں نیویارک میں تھا اور وہ میرے ساتھ تھیں اور میں نے ایک دن ہنستے ہوئے انہیں کہا تھا.....'امی میں سوچ رہا ہوں کہ یہیں شادی کرلوں، اچھا ہے نا گرین کارڈ بھی مل جائے گا'.......تو امی نے مجھے مسکرا کر کہا تھا'اچھا! یہ حالات ہیں؟ بیٹا جو لوگ زندگی میں کامیابی کے لیے چھوٹے چھوٹے راستے اختیار کرتے ہیں وہ عموماً چھوٹے فاصلے ہی طے کر پاتے ہیں تم خود کی قابلیت پر بھروسہ کیوں نہیں کرتے'..... اور ہاں ہم لوگ ایک دن جیکسن ہائیٹ (نیویارک) پہ گھوم رہے تھے کہ پاکستانی اور انڈین بازار پہنچ کر امی مجھ سے کہنے لگیں......'بیٹا! یہاں کے لوگ مجھے بہت خوش نظر آتے ہیں، کیا انہیں اپنے گھر کی یاد نہیں آتی، میں نے کہا تھا.....'نہیں امی یہ سارے خوش چہرے اندر سے اپنے گھروں کی یاد میں اکثر دکھی رہتے ہیں شاید اسی لیے اپنے آپ کو مصروف رکھتے ہیں'امی کہنے لگیں.....'بیٹا تم واپس آؤ گے نا'.......اور میں نے ان سے کہا تھا.....'امی آپ جہاں جہاں ہوں گی ٹھیک وہیں میں بھی ہوں گا'.......وہ لوگوں کے مزاجوں کو بہت جلد سمجھ

لیتی تھیں اور عموماً اپنے آپ کو اسی لحاظ سے محتاط کر لیتی تھیں۔ انہیں یہ بات بخوبی معلوم تھی جو شاید بیشتر لوگوں کو نہیں معلوم کہ گفتگو میں کہاں پہ چپ رہنا ہے۔

میری عادت تھی کہ میں اکثر اپنی اہم چیزیں کہیں بھی رکھ کر بھول جاتا تھا اور پھر پاگلوں کی طرح سارا گھر سر پر اٹھا لیتا تھا۔ امی جب بھی مجھے اس حال میں دیکھیں تو کہتیں....'بیٹے دل میں کہو.....حضرت بی بی سیدہ، سلام کروں گا چودہ، میری کھوئی ہوئی چیز کر دو پیدا'.....جب سے امی کھو گئی ہیں.......میں نے ہر لمحے حضرت بی بی سیدہ سے یہی دعا کی ہے........

شکوہ

کچھ نہیں، بس یونہی خیال آیا تھا اور برش کینوس پر چلتا چلا گیا۔ رنگ پر رنگ چڑھنے لگا اور خالی خولی لکیریں زندگی کا مزا چکھنے لگی۔ کچھ ہی دیر میں بے جان کینوس جیسے زندگی کا روپ پانے لگا۔ ایک لکیر جو ترچھی پڑی تو اجاڑ شاخوں پر پھول کھل گئے، ایک لکیر جو آڑی پڑی تو انجان راستوں پر قدموں کے نشاں بن گئے۔ کہیں دہکتا ہوا سورج جلنے لگا اور کہیں چاند شرمانے لگا۔ وقت بھی اپنے حصے کا برش پھیر گیا اور کینوس صبح و شام کے رنگوں سے سجنے لگا۔ دیکھتے ہی دیکھتے ایسی تصویر بنی کہ خود برش بھی کینوس سے شرمانے لگا۔

آرٹ گیلری میں وہ چپ چاپ کھڑا ہوا سفید بالوں والا بوڑھا آرٹسٹ، پہلے تو اس تصویر کو تکتا رہا جیسے خود کے بنائے ہوئے شہکار کو نظروں ہی نظروں میں تول رہا ہو مگر جلد ہی اسے یوں لگا جیسے اس کا دل کسی انجانے خیال سے بھر آیا ہو۔ کچھ ہی دیر میں اس کی نظروں میں تصویر دھندلانے سی لگی.....اور پھر جیسے تصویر کا ہر ایک رنگ اس کی ذات میں جذب ہوتا چلا گیا۔ یہی وہ چند لمحے تھے کہ جب وہ بوڑھا آرٹسٹ اپنے آپ سے بےگانہ ہو گیا۔ تصویر اس میں شامل ہو گئی اور وہ تصویر میں شامل ہو گیا۔

اور پھر اس بوڑھے آرٹسٹ کو یوں لگنے لگا جیسے کینوس پر اس کی کھینچی ہوئی آڑی ترچھی لکیریں، اس کی بنائی ہوئی رنگوں کی بہاریں اور زندگی کی صبحیں اور شامیں،

سب ہی اس سے غم ناک فغاؤں سے فریاد کر رہی ہیں......اسے یوں لگا کہ جیسے وہ بلک بلک کر رو رہی ہیں اور اس سے پوچھ رہی ہیں.....

'کیوں ایسی بھی کیا ضرورت تھی.....؟ تم نے ہمیں بے جان رنگوں سے ایک ہستی کی شکل دے دی...... تمہیں پتہ ہے نا...... یہ جو تمہارا برش رنگوں کی بہاریں لایا ہے......وہ تخلیق سے پہلے بہت سے جنموں کی آزمائشوں سے بھی گزرا ہے۔ وہ ہر ایک رنگ میں جل کر تم جیسے تخلیق کار کے ہاتھوں میں ابھرا ہے۔ تمہیں پتہ ہے نا ان ہر ایک آڑی ترچھی لکیروں کے پیچھے کھوئی ہوئی رتوں کے الم ناک فسانے بھی ہیں۔ تبھی تو ان اجاڑ شاخوں میں کہیں پھول کھلے ہیں اور کہیں قدموں کے نشاں...... یہ دہکتا ہوا سورج، یہ شرماتا ہوا چاند، یہ شریر تارے، یہ افق کی تمتماتی ہوئی سرخی، یہ شام کا ملگجا اندھیرا..... یہ گزرتے ہوئے وقت کی علامتیں..... یہ سارے ہی رنگ تمہارے خیالوں میں بس کر ہم گمنام لکیروں کو زندگی دے گئے.... مگر کیوں.... کیا محض بازار میں بیچنے کے لیے......؟'

اچانک آرٹ گیلری میں چپ چاپ کھڑا ہوا بوڑھا آرٹسٹ اپنی بنائی ہوئی تصویر کو تکتے ہوئے پھوٹ پھوٹ کر رونے لگا۔ دھندلائی ہوئی تصویر پھر سے رنگوں کا روپ پانے لگی، پھر سے اس کے نقوش نمایاں ہونے لگے، اسے لگا جیسے اس کی بنائی ہوئی تصویر کسی روتے ہوئے بچے کا آنسوؤں سے دھلا ہوا چہرہ بن گئی ہو۔

اس رات وہ سفید بالوں والا بوڑھا آرٹسٹ اپنی جائے نماز پر دیر تک روتا رہا اور کسی بلبلاتے ہوئے بچے کی طرح اپنے خداوند وتعالیٰ سے گڑگڑا کر فریاد کرتا رہا.....

'کیوں ایسی بھی کیا ضرورت تھی.....؟ تم نے ہمیں بے جان رنگوں سے ایک ہستی کی شکل دے دی..... تمہیں پتہ ہے نا! تمہاری ان ہر ایک آڑی ترچھی لکیروں کے پیچھے بہت کربناک فسانے ہیں۔ بھوک، غربت، بیماری افلاس اور لاچارگی کے صدیوں

پرانے زمانے ہیں.......تمہاری تصویر کے رنگوں میں انسانی لہو سے بنے ہوئے آشیانے ہیں۔تمہارا برش جو رنگوں کی بہاریں لایا ہے، وہ جو خیال کی صورت میں تم میں سمایا ہے ...... اسے وہیں بسے رہنے دیتے۔ ہمیں اپنی ہی ذات کا حصہ بنے رہنے دیتے۔ ہماری ہستی کی ایسی بھی کیا ضرورت تھی۔ کیا محض اپنی ذات کو جاننے کے لیے ......؟ کیا محض اپنی تخلیق کو ناپنے کے لیے؟ تمہیں تو پتہ ہے نا.......

'میری تخلیق تو آرٹ گیلری میں محض ایک بار بکتی ہے اور تمہاری تخلیق یہاں دنیا میں بار بار......'

فرشتے کے آنسو

چھت کے کونے پہ مکڑی کے جال میں پھنسی ہوئی ایک مکھی اپنی زندگی کی آخری لڑائی لڑ رہی تھی اور فرش پر بیٹھا ہوا ایک فرشتہ جس کا کل وجود محض ایک قلم اور دوات تھا، اسے تک رہا تھا۔ میز کے کونے پہ پڑی دوات اور اس میں ڈوبا ہوا قلم...... کمرے کے کسی مکین کے وہم و گمان میں بھی نہیں تھا کہ ایک فرشتہ کسی استعارے کی شکل میں وہاں موجود انسانوں کی سرنوشت کو پڑھ رہا ہے اور اپنے رب الجلیل کے لیے قرطاس کی جبیں پہ ان کی تقدیر لکھ رہا ہے..... کچھ دیر بعد فرشتے نے اکتا کر چھت سے نظر ہٹائی اور پھر خالی خالی نظروں سے کمرے کو تکنے لگا۔

کمرے میں دوائیوں کی گھٹی گھٹی بساند بو پھیلی ہوئی تھی، دیواروں کا چونا پپڑی بن بن کر اتر رہا تھا۔ دروازے کھڑکیوں کے باریک جال دار پھٹے ہوئے پردے ہوا کے جھوکوں سے اٹکھیلیاں کر رہے تھے، کمرے کے کونے میں ایک پرانی سنگار میز رکھی تھی جس میں جڑا زنگ آلود آئینہ گزرے ہوئے وقت کی چغلی کھا رہا تھا۔ کمرے کے ایک کونے میں لکڑی کی الماری تھی جس کا آدھا ٹوٹا ہوا پٹ الماری کے اندر کا کچھ کچھ حال دکھا رہا تھا۔ دواؤں کی نئی پرانی بوتلیں، سرنجوں کی تھیلیاں، گرم پانی کا مرتبان، چھوٹے بڑے تولیے اور سفید سوتی چادریں، کمرے کے بیچوں بیچ ایک پرانی وضع کی مسہری تھی جس کے اصل نقش و نگار محض دیمک کی غذا بن کر رہ گئے تھے۔ مسہری پر لیٹی

ہوئی ایک ادھ مری لڑکی بے بس نگاہوں سے مکڑی کے جال میں پھنسی مکھی کو آہستہ آہستہ مرتے ہوئے دیکھ رہی تھی۔

فرشتے نے خالی خالی نظروں سے اس لڑکی کو دیکھا جو پچھلے اکیس سال سے جاں کنی کی حالت میں بستر پہ پڑی تھی..... لمحے بھر میں فرشتے کو لگا جیسے ہوا کا ایک تیز جھونکا، کھڑکی کے پردے کو اڑاتا ہوا آیا اور لڑکی کی نوشت کو ماضی میں دھکیل گیا..... قرطاس کے پنے پلٹتے چلے گئے، کمرے کی نگارش بدلتی چلی گئی۔

ایک خوبصورت سی چھ سال کی بچی اپنی ماں کی گود میں سر رکھے بخار میں پھنک رہی تھی۔ اس کی رنگ برنگی مسہری پہ کھدے خوشنما پھول اداس نظروں سے اسے تک رہے تھے۔ وہ ڈری ڈری خوفزدہ نظروں سے اپنی ماں کی طرف دیکھ رہی تھی اور تتلا تتلا کر منتیں کر رہی تھی.....'اماں مجھے بہت ڈر لگ رہا ہے، مجھے اکیلا نہ چھوڑنا'......اور اس کی سہمی ہوئی ماں اسے روتے ہوئے گلے سے لگا کر کہہ رہی تھی......'نہیں میری بچی.....کبھی نہیں'.....اور فرشتے نے دیکھا کہ جاں کنی کی حالت میں پڑی بیٹی جیسے وہیں ٹھہر سی گئی.....جن سانسوں کو اکھڑنا تھا وہ نہیں اکھڑیں.....وہ زندہ تو رہی مگر چپ چاپ آنکھیں موندے ایک انجان گہری نیند میں چلی گئی..... ماں نے روتے ہوئے اپنی پیاری بیٹی کے کانوں میں کتنا ہی چیخا تھا مگر آوازیں جیسے بازگشت بن گئیں اور پھر ہر آواز اسی گونج سے لوٹ کر اسے واپس آنے لگی.....اس کے آس پاس کھڑے ہوئے طبیب اسے سمجھاتے تھے۔ تمہاری بیٹی Locked in syndrome میں ہے کہ وہ زندہ تو ہے مگر اس کا دماغ مر چکا ہے.....عجیب موت تھی وہ جس میں دل بھی دھڑکتا تھا، سانس بھی چلتی تھی، آنکھیں دیکھتی بھی تھی، روتی بھی تھی اور ہنستیں بھی تھیں مگر..... ہونٹ چپ تھے اور جسم بے جان تھا.....فرشتے نے خالی خالی نظروں سے اپنے اندر کو ٹٹولا مگر وہاں سوائے قلم و دوات کہ کچھ بھی نہیں تھا......اس نے چپکے سے مصلحت رب

الکریم کے آگے سرنگوں کرلیا اور سرنوشت کے پنے پلٹنے لگا........

دن مہینوں میں بدلنے لگے اور مہینے سالوں میں..... ماں روز صبح اٹھتی، اپنی بیٹی کا منہ گرم پانی کے تولیے سے صاف کرتی، اس کے بال سنوارتی، پیٹ میں لگی مصنوعی نالی سے اس کے جسم میں غذا اتارتی، انسولین کے ٹیکے لگاتی، ہر دو دو گھنٹے بعد اس کی کروٹ بدلتی، روزانہ اس کا بدن دھلاتی۔ کپڑے بدلتی، بستر ٹھیک کرتی۔ اکیس سال سے وہ اسی طرح روزانہ صبح سے شام کرتی مگر جب رات ہو جاتی تو کھڑکی میں کھڑے ہو کر نہ جانے اندھیرے میں کیا ڈھونڈتی رہتی اور جب اس کی کچھ سمجھ میں نہیں آتا تو خود سے بڑبڑانے لگتی.... 'وعدہ تو وعدہ ہے.... وعدہ تو وعدہ ہے'...... پچھلے اکیس سال سے فرشتہ ماں کے انہی لفظوں کا کاتب تقدیر بنا ہوا تھا۔

مگر سرنوشت کا حال تو سوائے رب الجلیل کے کسی کے بھی علم میں نہ تھا کہ اچانک ایک دن..... فرشتے کے ہاتھ کانپ سے گئے..... عجیب صبح تھی وہ کہ ماں جو روز صبح اٹھتی تھی اس دن صبح نہ اٹھی...... ہوائیں کھڑکیوں کے پردوں سے چھن چھن کر آ رہی تھی، قرطاس کے پنے ایک کے بعد ایک پلٹ رہے تھے مگر...... صفحے سادہ تھے، لفظ گم ہو گئے تھے۔ فرشتے نے حیران نگاہوں سے قلم کو دیکھا مگر سیاہی خشک تھی۔ اس نے بے چینی سے نظر گھما کر بیٹی کی طرف دیکھا جو بے بس آنکھوں سے مکھی کو مکڑی کا شکار ہوتے دیکھ رہی تھی مگر ابھی تک اپنی ماں کا انتظار کر رہی تھی جو اکیس سال کی طویل تھکن کے بعد اچانک گہری ابدی نیند سو گئی تھی۔

فرشتے نے لرزتے ہاتھوں سے دوبارہ قلم اٹھایا اور لکھنے کی کوشش کی مگر اسے لگا جیسے اس کا بنایا ہوا ہر لفظ اس کے آنسوؤں میں بھیگ کر اس کے روتے ہوئے دل کی تصویر بنتا جا رہا ہے۔ آہ..... کیا فرشتے رو نہیں سکتے...... اس نے خداوند تعالیٰ کے آگے سرنگوں کیا اور پھر پھوٹ پھوٹ کر رونے لگا۔

نہیں

ٹھیک ہی تو ہے جب محبت احترام بن جائے تو پھر پیار کے لیے پیشانی ہونٹ.....آپا نے سوچا اور پھر یہ تبدیلی بھی ایک دن کی تو نہ تھی پورے چودہ سال......اب تو آپا خود بھی اپنا اصلی نام بھولتی جا رہی تھی......وقت کو تو جیسے پر لگے تھے، تیرہ سال کی تھیں آپا، جب ہی اماں نے جھبلا سی دیا تھا کہ لڑکی ذات ہے نہ جانے کب قد نکال لے، پھر قرآن شریف بھی حفظ کرا دیا سوائے دو ایک سورۃ کے، جن میں ازدواجی مسائل کا ذکر تھا اور پھر آپا کی یادداشت بھی اتنی اچھی کہ مجال ہے جو زیر و زبر کا بھی فرق آیا ہو......لفظ تو جیسے سینے میں ہی اتر گئے تھے، بولیں بھی تو نون غنے کی آواز نکلے۔ سالوں کو گننے کے بجائے اماں نے پہلی ماہواری پر ہی ہاتھ پیلے کر دیے۔ سب کچھ تو سیدھا تھا کچھ بھی تو ٹیڑھا نہ ہو سکا......میاں جی کی پرچون کی دکان تھی۔ آٹا، چاول، گھی، شکر سارے محلے کا راشن بندھا تھا۔ وہ جو گھر آئی تو جیسے برکتیں نازل ہوگئی۔ حسن برسنے لگا۔ دولت کی ریل پیل بڑھتی ہی گئی اور پھر آپا بھی ایسی سگھڑ کہ پوچھو نا، گھر کا یہ حال کہ دالان ایسا صاف جیسے مسجد کا صحن، سارا محلّہ جوتے دروازے پہ اتار کر ہی گھر میں آتا تھا، پھر آپا نے گھر گھر جا کر قرآن شریف کا درس دینا شروع کر دیا، شروع میں محلے کے بچے اور پھر سارے بڑے ان کے گرد دائروں میں بیٹھنے لگے۔ آواز میں ایسا سوز کہ لفظ جادو بن جائے، تلاوت کرتیں تو بس ایک سحر بن جاتا، کسی کی مجال جو اپنی جگہ سے ذرا ہل بھی پائے۔

ادھر کاروبار تھا جو پھیلتا ہی جا رہا تھا۔ وقت کے ساتھ ساتھ میاں جی بھی آپا کے رنگ میں رنگتے چلے گئے۔ پہلے کچی ٹوپی پھر داڑھی اور پھر ٹخنوں سے اوپر تک پاجامہ ان کا حلیہ جو بدلا، پرچون والے سے حاجی صاحب کہلانے لگے ہر آتا جاتا جھک کر سلام کرتا، آپا کی خیریت بھی معلوم کرتا۔ آپا سارے جگ کی آپا جو تھیں......عزت واحترام کا مرکز، میاں جی بھی ملاقاتوں میں بخیل نہ تھے پر کاروبار میں تیز......ایک سے چار دوکانیں ہوگئیں۔ نوکر چاکر کی ریل پیل بڑھتے ہوئے کاروبار سے میاں جی خوش تو بہت تھے پر بے چین بھی.....شادی کو چودہ سال ہو گئے، خود آپا چودہ سے اٹھائیس کی مگر اولاد کے آثار دور دور تک نہ تھے۔ آپا نے سارا قرآن مجید دم کر کے دیکھ لیا، کعبہ شریف پر دونوں نے رو رو کر دعائیں بھی مانگی، ہر سال کے ملا کر نو حج اور پھر ڈھیروں عمرے.... مگر کیا بات تھی جو سنوائی نہ ہو رہی تھی۔ ساری ہی برکتیں تھی ایک لے دے کر یہی اولاد کی رحمت کہیں درمیان میں رک گئی تھی۔ آپا اندر ہی اندر گھٹتی بھی تھی مگر رحمت خداوندی سے کسے انکار تھا......ایک رات سوتے میں گھبرا کر اٹھ بیٹھیں، ایسا لگا کہ جیسے اندر ہی اندر کوئی خلا ہے جو پھیلتا جا رہا ہے اور پھر خواب میں دیکھا کہ جیسے ہواؤں میں اڑ رہی ہیں، آنکھ کھلی تو پسینے میں شرابور......میاں جی کو سوتے سے اٹھایا اور آیت الکرسی پڑھنے کو کہا.....میاں جی نے آیت الکرسی پڑھ کر آپا پر کئی بار پھونکا، پیشانی پہ کئی بار پیار بھی کیا اور دھیرے دھیرے تھپکنے لگے کہ کیسے بھی آپا دوبارہ سو جائیں......سونے کو تو آپا سو گئیں مگر دل پہ اتنا بوجھ کہ جیسے سل رکھی ہو۔ صبح سویرے میاں جی اٹھ کر دوکان چلے گئے، جاتے جاتے پھر پیشانی پر بوسہ دیا اور آپا سے وعدہ لیا کہ اس بار ڈاکٹروں سے بھی علاج کروائیں گی..... پر فائدہ تو کچھ نہ ہوا..... ہاں اس بات نے آپا کی نیند ہی اڑا دی کہ اللہ کی رحمت کا نزول دراصل آپا ہی کی صحت میں کسی کمی کی وجہ سے نہیں ہو رہا ہے......اب تو یہ حال کہ سوتے جاگتے قرآن شریف کی تلاوت کرتیں اور رات دیر

تک نمازیں..... پہلے میاں پر پڑھ کر پھونکتی تھیں اب خود پہ.....ادھر میاں جی بھی کچھ دنوں تک دوکان پر کھوئے ہوئے سے رہے، آخر ایک دن آپا کے دونوں ہاتھوں کو تھام کر سامنے دوزانوں ہو کر بیٹھ گئے، بڑی ہی ملائمیت سے آپا سے کہا.....دین و دنیا کے سارے ہی سبق آپ نے مجھے پڑھائے ہیں۔آپ جو پہلے دل کا پیار تھیں اب آنکھ کا احترام بھی ہیں، خود شریعت میں بھی ہے اور آپ تو ایمان کی اعلیٰ منزلوں سے واقف ہیں..... مجھے اجازت دے دیجیئے کہ محض اولاد کی خاطر دوسری شادی کرلوں ورنہ اس بڑھتے ہوئے کاروبار کا تو کوئی بھی وارث نہیں.....آپا نے یہ سنا تو روح کی گہرائیوں سے ایسی چیخیں کہ گھر کے در و دیوار تک کانپ اٹھے، ایمان کی آخری منزل سے پہلی منزل تک سارا سفر ایک ہی جواب میں طے کر دیا.....نہیں۔

کارٹون

محمد شجاع دبے پاؤں کمرے میں داخل ہوا۔ کمرے میں ہمیشہ کی طرح اندھیرا تھا۔ ایک لمحے کے لیے اسے خیال آیا کہ بتی جلائے مگر پھر اس خیال سے کہ بابا کو روشنی سے وحشت سی ہوتی ہے اس نے اپنا ارادہ ترک کر دیا۔ بابا ہمیشہ کی طرح چارپائی پر بیٹھا سر جھکائے زمین کو تک رہا تھا۔ کندھوں کو سفید سوتی چادر ڈھکتی ہوئی چارپائی کے کناروں کو چھو رہی تھی۔ کمرے میں کہنے کو ایک گہری خاموشی تھی مگر ماحول میں سکون کم وحشت زیادہ تھی، ایسی وحشت جو کسی کے مرنے سے پہلے یا فوراً بعد ہوتی ہے۔

محمد شجاع بابا کے قریب آیا اور اس کی چارپائی کے قریب اکڑوں ہو کر بیٹھ گیا اور پھر اس نے آہستگی سے بابا کے جھریوں بھرے کانپتے ہوئے ہاتھوں پر اپنے دونوں ہاتھ رکھ دیئے۔ بابا میری مدد کرو نا! وہ آہستہ سے بڑبڑایا، دیکھو نا بابا، میں کتنا پریشان ہوں، یہ مجھے کیا ہو گیا ہے۔ کیسی عجیب سی بیماری مجھے لگ گئی ہے جس کا علاج کسی حکیم، کسی ڈاکٹر کے پاس نہیں اور جب بھی میں کسی سے اس کا تذکرہ کرتا ہوں تو لوگ مجھ پہ ہنستے ہیں وہ سمجھتے ہیں کہ جیسے میں ان سے مذاق کر رہا ہوں۔ بابا مگر تم تو میرے باپ ہو نا! تم تو مجھے بچپن سے جانتے ہو۔ اب تو میں بھی پچاس برس کا ہو چلا ہوں۔ میرے ساتھ ایسا کیوں ہو رہا ہے۔ تمہیں پتہ ہے بابا، محمد شجاع نے اپنے باپ کے کان میں سرگوشی کی، میرے اندر ایک کارٹون رہتا ہے۔ ہاں بابا ایک کارٹون، جیتا جاگتا

کارٹون، ناچتا گاتا، اچھلتا پھاندتا، منہ چڑانے والا کارٹون۔ بابا وہ کارٹون ہو بہو میری شکل کا ہے۔ میرے جیسا ناک نقشہ، میرے ہی جیسی ادائیں، وہ اچانک مجھ میں سے نمودار ہوتا ہے۔ تمہیں پتہ ہے بابا پہلی بار میں نے اسے کب دیکھا تھا؟ میں مسجد سے نماز پڑھ کر نکل رہا تھا، میرے ہاتھوں میں تمہاری ہی دی ہوئی تسبیح تھی جس کے دانوں کو پڑھتا ہوا میں گھر آ رہا تھا کہ اچانک یہ کارٹون مجھ میں سے نکل کر میرے سامنے آ کھڑا ہوا اور پھر مجھے دیکھ کر زور زور سے تالیاں بجانے لگا۔ مجھے یوں لگا جیسے اس کی دم لمبی ہوگئی ہے اور شکل بندر جیسی اور پھر ایسے لگا جیسے کہہ رہا ہو کہ یہ ساری نمازیں پڑھ کر بھی تو مجھے بندر جیسا لگتا ہے۔ ہاں بابا یہ ٹھیک ہے میں ضرورتوں اور خواہشوں کا محتاج ہوں، میں بھی مصلحتوں کا مارا ہوا انسان ہوں، آسائشوں کا طلب گار ہوں، مجھ میں نمائش ہے، ظاہر داری ہے، میں غیبت بھی کرتا ہوں، رشوت بھی لیتا ہوں اور جو وقت پڑے تو دوسروں کا مال بھی کھا جاتا ہوں مگر بابا پھر میں دن رات عبادتیں بھی تو کرتا ہوں اور ہاں بابا تمہیں پتہ ہے جب میں روز صبح قرآن شریف کی تلاوت کرتا ہوں، تو یہ کمبخت کارٹون مجھ میں سے نکل کر کسی طوطے کی شکل میں ڈھل جاتا ہے اور پھر مجھ سے ٹرا ٹرا کر کہتا ہے تو کتاب پڑھ کر بھی طوطے جیسا لگتا ہے کیونکہ تو اسے طوطے ہی کی طرح تو پڑھتا ہے اور پھر وہ اپنی کرہیہ آواز سے زور زور سے دہراتا ہے۔ تجھے معنی مطلب سے کیا مطلب؟ تجھے معنی مطلب سے کیا مطلب؟ اور بابا جب میں روزے رکھتا ہوں تو یہ کارٹون میرے پیٹ کا کیڑا بن جاتا ہے اور اندر سے میرے خالی پیٹ کو ڈھول کی طرح بجاتا ہے اور کہتا ہے جیسا دماغ ویسا پیٹ، بابا تمہیں کہو اگر میرے پڑوسی بھوکے سوتے ہیں تو اس میں میرا کیا قصور، میں تو روزے کی پیاس جنت میں دودھ کی نہروں سے بجھانا چاہتا ہوں۔ بابا مجھے بتاؤ نا، آخر یہ کارٹون مجھ سے کیا چاہتا ہے تمہیں پتہ ہے بابا کل رات اس نے کیا حرکت کی؟ کل رات یہ کہیں سے ایک ترازو

لے آیا اور وہ بھی ایک پلڑے کا اور پھر مجھ سے چیخ چیخ کر کہنے لگا تیری زندگی محض ایک پنساری کی دوکان ہے اور پھر مجھے دیکھ کر پیٹ پکڑ کر ہنستا اور قلابازیاں لگاتا ہوا اچانک نظروں کے سامنے سے غائب ہو گیا اور پھر یکا یک ایک بھوت بن کر آگیا اور چیخ کر کہنے لگا۔ ترازو کے ایک پلڑے پہ تیری عبادتیں اور دوسرا پلڑا جیسے بھوت۔ بابا مجھے بہت ڈر لگتا ہے، کچھ کہونا بابا میں کیا کروں؟ کیسے اس کم بخت کارٹون سے نجات پاؤں اور یہ کہہ محمد شجاع دھاڑیں مار مار کر رونے لگا۔

کچھ دیر بعد بابا نے آہستہ سے اپنا سر اٹھایا۔ محمد شجاع نے دیکھا کہ بابا کی سفید پلکوں پہ آنسو چمک رہے تھے، اس کا چہرہ جیسے کسی اندرونی کرب سے کانپ رہا تھا۔ بابا نے روتے ہوئے کہا ''بیٹا تو مجھ سے کیا پوچھ رہا ہے میں تو خود بھی ایک.....'' اور محمد شجاع کو اچانک لگا جیسے اس کے باپ کی روتی ہوئی شکل ہو بہو اس کارٹون جیسی ہی ہے۔

سہاگ رات

وہ گلاب و موتیوں سے سجی سیج پر سر جھکائے سمٹی ہوئی بیٹھی تھی، ایک نمکین سی مسکراہٹ کے ساتھ اس نے پلکوں کی چلمن سے جھانک کر دیکھا، رنگ برنگی کاغذی پھولوں کی لڑیاں اس کے گرد حصار سا بنتی ہوئی مسہری کے کناروں سے کمرے کی چھت تک ٹکی ہوئی تھیں۔ مسہری کی رنگین چادر تازہ گلاب کے غنچوں اور پتیوں سے ڈھکی ہوئی اس کے سپنوں کے شہزادے کے انتظار میں سیج کا روپ دھارے ہوئے تھی، کمرے میں مہندی اور ابٹن کی خوشبوئیں اور اس کے بدن سے اٹھنے والی دلہن کے ارمانوں کی مہک، کسی بھی دیسی بدیسی پرفیوم کو کہیں قریب بھی پھٹکنے نہیں دے رہی تھی کمرے کی فضا میں ایک انتظار کی سی کیفیت تھی جو دیوار پر لگی گھڑی کی سویوں کی آواز کے ساتھ ہم آہنگ ہو کر اس کے آنے والے حسین لمحات کو موسیقیت دے رہی تھی۔ موسیقی تو ایک مدھر لہر کی طرح اس کے روئیں روئیں میں دوڑ رہی تھی۔ کبھی کسی حسین خیال کی طرح اور کبھی کسی بے چین احساس کی طرح آنے والے خوشگوار لمحوں کے انتظار میں جب اس کے سپنوں کا شہزادہ اس کا ہاتھ تھامے اس سے زندگی کے حسین مستقبل کی سرگوشی دھیمے سے کرے گا اور پھر اس کے سبھی لمس کچھ ان کہے لفظوں کی طرح اس کی روح میں اتر جائیں گے۔ اس خیال کے آتے ہی اس نے اپنے مہندی رنگے پیر کو گوٹے کناروں سے سجے غرارے میں کچھ اس طرح سے سمیٹا کہ جیسے خود سے شرما رہی ہو،

اس نے دوبارہ پلکوں کی چلمن گرا دی اور آنکھیں بند کر کے آنے والے حسین لمحوں کے سپنے دیکھنے لگی، اس کے سپنوں کے شہزادے کا حسین روپ اپنے پورے خدوخال کے ساتھ اس کے خیالوں میں ابھرنے لگا۔ لمبا قد، چوڑے کندھے، کشادہ پیشانی، بڑی بڑی روشن آنکھیں جن میں ذہانت اپنی پوری تابناکیوں کے ساتھ چمک رہی تھی اور جب وہ پہلی بار اس کے گھر آئے تھے، امی نے اسے مسکراتے ہوئے بتایا تھا کہ لڑکا انجینئر ہے۔ خاندان مذہبی ہے اور تنخواہ بیس ہزار ہے۔ خود وہ بھی تو معاشیات میں ایم اے تھی۔ اسی سال تو اس کا رزلٹ آیا تھا۔ اسے یاد آنے لگا۔ کس قدر وقار تھا ان کی شخصیت میں، کس قدر دلکش تھے ان کے انداز، بات کرتے ہوئے دونوں ہاتھوں کی انگلیوں کے کناروں کو وہ جوڑتے تھے اور ایک مخصوص طرح سے منہ کو ہلاتے ہوئے ''اونہہ'' کرتے تھے۔ ان کے لہجے کی شائستگی، ان کے چہرے کا اتار چڑھاؤ، ان کی بات چیت کا ہر انداز، کس قدر دلکش اور دل موہ لینے والا تھا۔ ان کے خوبصورت لبوں کی حرکت دور سے اس کے کانوں کو متبسم غنایت تو خیر عطا نہیں کر پا رہی تھی مگر اس کی نظروں کو مسلسل یہ احساس ضرور دے رہی تھی کہ جیسے ان کا کہا ہر لفظ عقل و دانشمندی کا وہ موتی ہے جو ایک دن اس کی گردن کا ہار اور سر کا تاج ضرور بن جائے گا۔ ان کا ہر انداز جیسے گواہی دے رہا تھا کہ وہ زندگی کے ہر تلخ و شیریں اتار چڑھاؤ سے کسی دانشور کی طرح واقف ہیں۔ وہ نہ صرف سوسائٹی کے چاروں طرف پھیلے ہوئے تانے بانے میں سیاسی، سماجی، معاشی اور مذہبی غیر ہمواریوں پہ تنقیدی نظر رکھتے ہیں بلکہ اکیسویں صدی کے سائنسی دور کی تبدیلیوں پر ایک تعمیری اندازِ فکر بھی رکھتے ہیں۔ انہیں آنے والے دور سے وہ روشن امیدیں بھی ہیں جو مذاہب کی جامد فکر میں سائنسی طرزِ فکر کی روشنی سے انسانی نفسیات کی بہتر تبدیلی کا سبب بنے گی۔ وہ مذاہب کے سماجی اور روحانی فرق کی گہرائیوں سے واقف ہیں۔ وہ آنے والے جدید دور کی تبدیلیوں کو

نظریات کی اساس سے ہم آہنگ تو کریں گے مگر شخصیتوں کی انا کا مسئلہ نہیں بننے دیں گے وہ ایک مذہبی گھرانے سے ہیں اور آج کے دور کے انجینئر بھی، یہی تو وجہ ہے۔ وہ روحانیت کی اعلیٰ منزلوں کو، نفسیاتی سائنس سے ہم آہنگ کرتے ہوئے بہتر انسانی سماج کی تعمیر کرنا چاہتے ہیں۔ ان کا جمالیاتی ذوق ان کی ہر ایک ادا میں نمایاں ہو رہا تھا۔ ان کے انداز ان کے شاعرانہ شغف کی گواہی دے رہے تھے وہ اپنے دل کے کینوس پہ میری عشق کی تصویر بنائیں گے کتنی ہی دیر تک وہ اپنے کمرے میں سن پیروں سے کھڑے پردے کی آڑ سے انہیں اپنی قسمت پہ رشک کھاتے ہوئے تکتی رہی تھی اور پھر بالآخر اس کی اپنے سپنوں کے شہزادے کے ساتھ شادی ہوگئی اور آج اس کی سہاگ رات تھی۔ اچانک دروازے پہ آہٹ ہوئی اور اس کی سوچ کے سلسلے اک دم ٹوٹ گئے، پہلے تو اس نے سوچا کہ آنکھیں کھول کر اپنے آنے والے دیوتا کا سواگت کرے مگر شرم وحیا کی شدت پلکوں پہ بھاری پڑنے لگی اور وہ چاہتے ہوئے بھی نیم باز آنکھوں سے باہر کا جائزہ لینے میں ناکام رہی، قدموں کے چاپ جیسے دروازے پر ہی رک گئی تھی مگر کچھ دیر کی صبر آزما خاموشی کے بعد ایک دلکش سی مردانہ آواز کمرے میں گونجی۔

''محترمہ.... آپ دو رکعت نماز پڑھ لیجیے کہ سنت رسول ﷺ ہے اور میں بھی غسل کر کے آتا ہوں کہ مباشرت سے پہلے واجب ہے اور..... ہاں'' انہوں نے اک طائرانہ نظر سے روشنی کی طرف ڈالی اور کہا ''یہ روشنی گل کر دیجیے، یہ مکروہ ہے'' کچھ ہی دیر میں باتھ روم سے آنے والی پانی کے گرنے کی آوازیں اور اس کی آنکھوں سے بہتا ہوا کاجل، اسے مذاہب کے روحانی اور سماجی ملاپ سے پیدا ہونے والی سہاگ رات کا مطلب سمجھانے لگے۔

یہ کیسی بے وفائی ہے

''اللہ مارے تمہارے ابا پرائی عورتوں کے بہت شوقین تھے، جہاں کوئی لال پیلی چھپن چھری دیکھی، چل پڑے پیچھے پیچھے، پھر نہ گھر کا پتا نہ باہر کا، میں کہے دے رہی ہوں ذرا نظر دبا کر رکھیو، یہ مرد ذات بڑی بے وفا ہوئے ہے، شادی کے کچھ سال تو ہر کوئی دم دبا کر چلے ہے پر جہاں دو چار لونڈے لونڈیاں ہوئے، وہیں آس پاس کی عورتوں کو دیکھ کر دم کھڑی کر لی...... اماں جی تو جو منہ میں آئے بکے جا رہی تھیں پر عفت بی بی گھٹنوں گھٹنوں شرم سے پانی ہوئی جا رہی تھی، وہ کبھی دوپٹہ سر پہ پھیلاتی تو کبھی سینے پہ کھینچ لیتی، جب اور برداشت نہ ہوا تو گھاگرا سنبھالا، کھڑاؤں میں پاؤں گھسایا اور گھسر گھسر کرتی ہوئی رسوئی میں جا کر لکڑی کے تختے پہ گھٹنوں کے بیچ سر دے کر بیٹھ گئی، پر اماں جی بھی کب چپ ہو کر بیٹھنے والی تھیں.....'اری نوج ماری، شرما کیا رہی ہے' یہ بات دھیان میں رکھ لے ورنہ پھر بعد میں پچھتاوے گی......

'اونہہ اماں جی بھی تو بس، اب جب بیاہ میں صرف چار دن ہی رہ گئے ہیں تو ایسے وقت یہ بک بک جھک جھک، جب دیکھو بس یہی راگ الاپے جا رہی ہیں، نہ جانے ابا نے اماں جی کو کیسے کیسے دھوکے دیئے کہ انہیں ساری دنیا کے مرد بس ایک جیسے ہی لگے ہیں۔ عفت نے بیزارگی سے سوچا، اونہہ...... اچانک ہی اسے اپنے ہونے والے میاں کا خیال آ گیا..... میرے منان ایسے تھوڑے ہوں گے جیسے ابا

تھے، وہ اور مردوں کی طرح ہر طرف آنکھیں مٹکانے والے نہیں ہوں گے، وہ تو صرف میرے ہوں گے، صرف میرے، مجھ سے تھوڑی بے وفائی کریں گے، وہ تو مجھ سے سچا پیار کریں گے.... یہ خیال آتے ہی عفت کو لگا جیسے اس کے سارے بدن میں بجلیاں سی رینگنے لگی ہوں اس نے جلدی سے دوپٹے کے پلو سے پیشانی اور گردن کا پسینہ صاف کیا اور سامنے چولہے پہ چڑھی دیگچی کے ڈھکن کو سرکا کر بھاپ کو نکلتے دیکھنے لگی۔

اور پھر یہی ہوا، شادی کی رات منان نے جو اسے دیکھا تو عفت کو ایسا لگا کہ جیسے اس کے دہکتے حسن کو دیکھ کر ان کی سٹی ہی گم ہوگئی ہو، ایسے کانپتے ہاتھوں سے اسے ہاتھ لگایا جیسے وہ موم کی گڑیا ہو، ہاتھ لگے اور پگھل جائے۔ اماں جی کے پیدا کردہ سارے اندیشے بس ہوائی ثابت ہوئے، منان تو سر سے پاؤں تک سچے من سے اسے چاہتے تھے۔ کتنا بڑا تو کاروبار تھا، دن رات کا دفتری عورتوں میں اٹھنا بیٹھنا، مگر مجال ہے جو خاندانی رکھ رکھاؤ میں کوئی فرق آنے دیں، پوری متانت سے لوگوں سے ملتے، کبھی ضرورت سے زیادہ میل جول نہ بڑھاتے، ہر چیز کا وقت پہ دھیان رکھتے، خود عفت کا تو چھوٹی چھوٹی باتوں کا خیال کرتے، کپڑے لتے زیور بس زبان ہلنے کی دیر ہوتی اور انبار لگ جاتا، جو دھن برس رہا تھا وہ اس پر روپ بن کر چمکتا، بس دلہن ہی بنی رہتی، شادی کو دو سال ہوگئے مگر اولاد اب تک نہ ہوئی تھی پر مجال ہے جو منان شکایت کا کوئی لفظ بھی زبان پہ لائے ہوں، پورے خاندانی وقار سے رہتے تھے، نہ تو کبھی پریشانی کا اظہار کرتے اور نہ ہی کبھی اپنے روزمرہ کے معمولات میں فرق آنے دیتے، وہ تو اس کو اب بھی ایسے ہی چھوتے تھے کہ جیسے وہ پہلے ہی دن کی دلہن ہو، ہاتھ لگے اور میلی ہو جائے۔ ان کے دن رات ویسے ہی تو تھے جو شادی سے پہلے تھے، صبح ہوتی اور دفتر چلے جاتے، شام پانچ بجتے ہی گھڑی کی چڑیا جو پانچ بار کوکو کرتی ٹھیک اسی وقت

منان کی موٹر کی ہارن کی آواز پی پی کرتی گھر میں گھستی، شام کی چائے وہ بلاناغہ عفت کے ساتھ پیتے پھر ان کے بچپن کے دوست شرافت بھائی آ جاتے اور پھر دونوں میں کیرم کی بازی لگ جاتی۔

شرافت بھائی ہی تو منان کے اکلوتے دوست تھے، بچپن کا یارانہ تھا دونوں میں، گاڑھی چھنتی تھی۔ پڑوس میں ہی رہتے تھے۔ ماں باپ مر چکے تھے، منان ایک بار کہہ رہے تھے کبھی نو جوانی میں جو کسی نے ان کا دل توڑ دیا تو پھر شادی ہی نہیں کی۔ان کے گھر دن رات کا آنا جانا تھا، خود عفت کی زبان شرافت بھائی شرافت بھائی کہتے نہ تھکتی تھی۔ شرافت بھائی بھی نام کی طرح بے انتہا شریف، منان کے بچپن کے دوست ہونے کے باوجود مجال ہے جو کبھی عفت سے نظر ملا کر بھی بات کی ہو۔ شکل پہ بھولا پن برستا تھا، بس لے دے کر ایک ان کی گھنی موچھیں تھیں جوان کے چہرے پہ کچھ اجنبی اجنبی سی لگتی تھیں، جب بھی ہنستے تو کچھ عجیب طرح سے منہ کو سکوڑتے کہ لگتا جیسے ہونٹ خود مونچھ بن گئے ہوں۔ عفت کو ان کو ہنستا دیکھ کر بڑی ہی الجھن ہوتی تھی۔

اس رات بجلی کڑا کے سے گرج رہی تھی، منان دفتر سے آئے، عفت کے ساتھ چائے پی اور پھر شرافت بھائی کے گھر کیرم کی بازی جم گئی۔ عفت کو نہ جانے کیوں صبح ہی سے عجیب عجیب سے ہول سے اٹھ رہے تھے، کئی بار سوچا آج منان کو گھر پہ ہی روک لیں، بچپن ہی سے اس کا بجلی کے کڑاکوں سے دل دہلنے لگتا تھا۔ دو سے جب تین گھنٹے ہو گئے تو چھاتا لیا اور شرافت بھائی کے گھر کے لیے نکل کھڑی ہوئی، گیٹ بجانے سے پہلے ہی کیا دیکھتی ہے کہ محلے کے دو چار بچے ایک دوسرے کے کندھوں پہ چڑھے، شرافت بھائی کے کمرے کی کھڑکی سے کمرے کے اندر جمی کیرم کی بازی دیکھنے میں مگن تھے، اس کو اچانک دیکھا تو ایک دوسرے کے پیچھے کودتے پھلانگتے ہوئے بھاگ گئے۔ اس نے جو پیروں کے بل کھڑے ہو کر کمرے میں جھانکا تو

آنکھیں پھٹی کی پھٹی رہ گئیں۔

شرافت بھائی اور منان کچھ اس طرح سے ایک دوسرے میں مشغول تھے کہ کیا کوئی نیا بیاہتا شادی شدہ جوڑا آپس میں مصروف ہو....اسے ایسا لگا کہ جیسے آسمان کی ساری ہی گرجتی ہوئی بجلیاں اس پہ ایک ساتھ گر رہی ہوں اور ہر کڑ کڑاہٹ میں اماں جی کی آواز گونج رہی ہو...'یہ مرد ذات بڑی بے وفا ہوئے ہے'.....ہائے اماں جی! مگر یہ کیا!.....اچانک عفت کے منہ سے نکلا.....یہ کیسی بے وفائی ہے؟

بے زمینی نسل کشی ہے......؟

یہ بدنصیبی ہی تو تھی کہ وہ ایسے گھر میں پیدا ہوگئی تھی جس کی بنیادیں زمین کی بجائے ہواؤں میں تھیں، شروع شروع میں تو اسے ایسا لگا تھا جیسے سب ٹھیک ہے مگر کچھ ہی دنوں میں اس کا گھر ہواؤں میں ڈولنے لگا اور اس سے پہلے کہ سب اڑھاڈھم زمین پہ آگرتا وہ گھر سے نکل کر کھلے آسماں تلے آکر بیٹھ گئی اور اب...... جیسے بے زمینی کا رونا اس کا مقدر بن گیا تھا۔

تیس سال چھوٹا عرصہ نہیں ہوتا، ایک نسل جوان ہو جاتی ہے، سو ہوگئی اور ایسی ہوئی جیسی نہیں ہونی چاہیے تھی۔ وہ حیران نگاہوں سے اپنے بچوں کو دیکھتی اور اندر ہی اندر سوچتی.... 'ہم بنا ماں کے پلے ہوئے بچے ہیں، اسی لیے تو آدھے پکے اور آدھے کچے ہیں۔ ہماری کھاد میں زبان، تہذیب اور تاریخ کے بیج نمونہ پا سکے اسی لیے تو ہمارے پھولوں میں خوشبو نہیں۔ ہم نے وقت کے ساتھ موسموں کی سختیاں نہیں سہی اسی لیے تو ہمارے قد ٹھٹر گئے ہیں۔ اب ہمیں زمین ہی کی ممتا سے ایک آس ہے شاید کبھی اپنے دامن میں سمیٹ لے، شاید ہمارے پھولوں کے بھی رنگ قوس وقزاح کی طرح نکھر جائیں'۔

پچھلے سال جب وہ پاکستان گئی تو ساری پرانی کتابیں سمیٹ کر لے آئی۔ ہر کتاب برسوں کے گرد سمیٹے، دیمک کی خوراک بن کر محض جال بن گئی تھی اور پھر وہ ان

جالوں سے ماضی کے جھروکوں میں جھانک جھانک کر وقت کو ڈھونڈنے لگی۔ وقت تو عفریت کا روپ دھار چکا تھا جس کی زبان لمبی اور دانت خون آلود تھے۔ جس کا پھولا ہوا پیٹ تاریخ کے سارے گھناؤنے راز سمیٹے بے ہنگم انداز میں، آنے والی نسل انسانی کو پھر سے ڈکارنے تیار بیٹھا تھا۔ کتابوں کے ہر صفحے پر لفظ روتے تھے، دیو مالائی کہانیاں ہوں یا آسمانی صحیفے، پیغمبروں کے قصے ہوں یا زمان ومکاں کے جھگڑے ہر لفظ آنسوؤں کی شکل بن بن کر بہتا تھا.... پھر وہ آنسوؤں کو ایک لڑی میں پرونے لگی مگر جو مالا بنی وہ تاریخ کے ایک ہی لفظ کو بار بار دہراتی تھی......بے زمینی نسل کشی ہے۔

مگر وہ تو اپنی نسل کشی نہیں چاہتی تھی.....تو پھر وہ ایک دن اپنے پھولوں کو سمیٹ کر آئینے کے سامنے آ کھڑی ہوئی اور جب اس نے بجائے خود کے، محض ایک عکس کو دیکھا تو اسے احساس ہوا جیسے بے زمینی نے اسے بے وجود بھی کر دیا ہے۔ وہ ان ہی ہواؤں میں تحلیل ہوگئی تھی جن سے کبھی اس نے خود کو بچانے کے لیے ہجرت کی تھی......تو کیا پھر ایک نئی ہجرت؟ اس نے سوچا، مگر نہیں ایسا ہوتا تو آج میرا وجود ہوتا......پھر وقت کے دامن سے میرا ساتھ کب چھوٹا اور کیسے؟ وہ خود کو ٹٹولنے لگی.... میں نے دورانِ پرواز وقت کی اس آہٹ کو نہ سنا جو صدیوں کی تاریخ خود میں سمیٹے ہوئے بادلوں کی طرح مرے اردگرد اڑ رہی تھی۔

اور پھر اسے یاد آیا اپنا پہلا سفر۔ وہ کہنے کو بائیس گھنٹے کا ہوائی سفر تھا مگر جس نے اسے تیسری دنیا سے پہلی دنیا میں پہنچا دیا تھا.....وہ آنکھیں پھاڑے حیران نگاہوں سے پچھلے دوسو سال کی سائنسی بنیادوں پہ کھڑے انسانی معاشرے کو، دو ہزار سال پرانے مذہبی بنیادوں کے ڈھانچے پہ کھڑی، ناپ رہی تھی۔ اسے نہیں پتہ تھا کہ وقت درجہ بہ درجہ پہلی دنیا میں پہنچا ہے اور وہ، پہلے درجے پہ سمٹی ہوئی تیسری دنیا سے، تاریخ کے ارتقاء کو جانے اور اس کا حصہ بنے بغیر، گھنٹوں کے ہوائی سفر کے بعد یہاں نمودار ہوئی

تھی۔ وہ تو یہ بھی بھول گئی تھی کہ اس کی ہجرت ہی نے اسے بے زمینی کے ساتھ ساتھ بے وزن بھی کر دیا تھا، تبھی تو وہ ہواؤں کے ہاتھوں جھولا بن کر پہلی دنیا میں اڑتی ہوئی چلی آئی تھی اور پھر.....وقت کی تبدیلیوں کو تاریخ کے آئینے میں دیکھنے کے بجائے محض اپنی خود اطمینانی کی خاطر اپنے پھولوں کو وہ لوریاں سنانے لگی، جن کی دھنوں میں اپنی چھوڑی ہوئی دنیا کے سر تو تھے مگر آنے والے بدلتے وقت کے ساز نہ تھے۔ اس کے پھول اپنی بے زمین ماں کا نوحہ سر پہ اٹھائے، ایسی دو کشتیوں میں سوار مسافت پر نکلے اور بیچ بھنور میں پھنسے جو دو ہزار سال کی چاہ میں دو سو سال کے کنارے تک بھی پہنچ نہ پائے اور آج جب وہ بے وزن، بے وجود ہو کر آئینے میں خود کو ڈھونڈنے لگی تو اس کے اپنے عکس نے اس سے دھیمے سے کہا.....'بے زمینی نسل کشی نہیں ہے زمین جو تمہارے جغرافیے سے تو بٹ جائے لیکن تاریخ سے نہیں'......اور پھر وہ اپنے کھوئے ہوئے وجود سے مل کر خوشی کے مارے رونے لگی۔

اَدھورا کافر

جبران کو شاید پتہ تھا کہ مذہب علامتوں میں اترا تھا اسی لیے اس نے ایمان کا وہ راستہ چنا جو کٹھن فکر کا تھا، ایسا راستہ جس کی منزلیں کبھی کبھی بے منزل بھی کر دیتی ہیں کچھ ہی سالوں میں اسے محسوس ہونے لگا کہ شاید اس کے مقدر میں بھی خدا کی طرح تنہائی ہے۔ وقت کی رفتار اپنی مستقل شدت سے اس کی ذہنی اور جسمانی، دونوں ہی عمروں کو بالغ کرتی جا رہی تھی مگر عمر کا پچیسواں سال اس کی زندگی میں بہاریں لے آیا، جب اس کی نظر نیلوفر پر پڑی۔ نیلوفر خوبصورت تھی اور جبران حسن کا شیدائی۔ جبرائی کو لگا نیلوفر اس کی بے رنگ زندگی میں قوس و قزح کے رنگ بھر دے گی اور حقیقت بھی یہی تھی مگر عام خوبصورت عورتوں کی طرح نیلوفر ذہنی شعور کی اعلیٰ منزلوں سے نابلد تھی۔ جلد ہی جبران کا دل نیلوفر کے حسن سے بھرنے لگا۔ وہ حسن و عشق کے فلسفے میں الجھا، ایک نیلوفر سے دوسری اور دوسری سے تیسری اور پھر درجنوں حسین عورتوں سے مل کر جنسی رویوں کے راز جاننے میں مگن ہو گیا۔ جبران کی بے انتہا ذہانت اسے زندگی کے آسائشی رویوں کو اپنانے میں مدد کرتی، اس کا دماغ نت نئے تخلیقی خیالات سے مالا مال تھا چنانچہ اکثر اشتہاری کمپنیاں اس کی تخلیقات سے استفادہ کرتی تھی۔ پہلی بیٹی کے بعد ہی اس نے نیلوفر کو چھوڑنے کا فیصلہ کر لیا۔ وہ روز روز کے سوال جواب سے تنگ تھا۔ از دواجی زندگی سے اس کا دم گھٹتا تھا۔ اسے پتہ تھا اس کی ذہنی آوارگی نیلوفر کا مسئلہ تھی۔ دوسری

عورتیں نیلوفر کے لیے اس کی جسمانی عیاشی مگر جبران کے نزدیک جنسیت کے راز جاننے کا سبب تھیں۔

اور پھر ایک دن جبران، نیلوفر اور اپنی دو سالہ بیٹی کو چھوڑ کر امریکا چلا آیا۔ قسمت کے دھنی جبران کو امریکا بہت راس آیا۔ امریکا میں کہنے سننے کی آزادی تھی شباب و شراب کی وافر مقدار تھی۔ مذہبی آزادی بھی تھی اور دولت کے انبار بھی۔ جبران ساری علامتی اخلاقی قلاشیوں کے باوجود شدید ذہانت سے مالا مال تھا۔ کچھ ہی برسوں میں وہ امریکی معاشی رازوں کو جان گیا۔ ڈرگز اور الکحل کے وافر استعمال کے باوجود یونیورسٹی سے معاشیات میں ڈاکٹریٹ کی ڈگری لے کر پہلے اسسٹنٹ پروفیسر پھر فیلو اور آخر ایک دن ریسرچ اسکالر بن گیا۔ جلد ہی اس کا شمار امریکا کے گنے چنے ریسرچ ایکانومسٹ میں ہونے لگا جو امریکی بجٹ کی مستقل بہتری پر ریسرچ پیپرز لکھتے یا امریکی اور یورپی یونین کے معاشی تقابل پر ایجنڈے تیار کرتے ہیں، بالآخر ایک دن وہ فیڈرل اوپن مارکیٹ کمپنی کا چیئر مین منتخب ہو گیا۔

اب جبران عمر کے پچاسویں سال میں تھا۔ کیلی فورنیا کے سب سے پوش علاقے میں ملین ڈالر کے گھر میں رہتا تھا۔ وہ خدا کو اب بھی نہیں مانتا تھا۔ اس کے گھر میں حسین عورتوں کا میلہ لگا رہتا تھا۔

شراب، پارٹیوں میں پانی کی طرح بہائی جاتی تھی۔ وہ اپنی قابلیت پر ساری دنیا کے مالیاتی اداروں کی رہنمائی کرتا تھا۔ وہ وطنیت کے تصور کو بچوں کا کھیل سمجھتا تھا۔ انسانی تہذیب کو محض ارتقائی منازل کی اسٹیج سمجھتا تھا۔ وہ زندگی کے کسی بھی روایتی عمل کو انسانی نفسیات کی obsession اور خاندان، رسوم و رواج وغیرہ کو محض انسانی رویوں کی ضرورت سمجھتا تھا۔ وہ زندگی کے کسی بھی نظریے کی اساس کو اپنی فکری منزلوں سے ناپ لیتا تھا مگر ایک بات تھی جس کی فکر سے وہ لاکھ کوشش کے باوجود نہ جانے

کیوں نابلد تھا۔ وہ ایک خیال تھا جو اس کی ذہنی اپچ میں سامنے سے انکاری تھا، ایک ایسا خیال جو اسے اکثر آدھی رات کو سوتے میں سے اٹھا دیتا تھا۔ اسے خوب ساری شراب پلاتا تھا اور تنہائی میں دیر تک رلاتا تھا، ایک خیال......جس میں اس کی دو سالہ بیٹی کا چہرہ تھا اور ایک سوال تھا۔

فورتھ ڈائمنشن

ہاں وہی........وہ جو چھوٹا سا ناک بسورتا ہوا بچہ.....گندا اور کالا سا........وہ جس کے بکھرے بکھرے بال، دھول اور مٹی سے اَٹے ہوئے ہیں۔ وہ جس کے ننگے پاؤں زخموں سے بھرے ہوئے ہیں اور جن پر مکھیاں بھنبھناتی ہیں اور ان سے رستے ہوئے خون اور پیپ سے اپنی پیاس بجھاتی ہیں......ہاں وہی بچہ۔جس کی روتی آنکھوں سے بہتے آنسو اب خشک پپڑیاں بن کر اس کے گالوں پر جم رہے ہیں۔جس کی بھوکی نظروں میں باسی روٹیاں ناچ رہی ہیں۔جس کی خالی ہتھیلیاں بھیک مانگ رہی ہیں......وہی.....وہ جو کچرے کے ڈھیر پر کھڑا گندی نالیوں کو انجان نظروں سے تک رہا ہے......شاید خود کے ہونے کا سبب سوچ رہا ہے، ہاں وہی....ٹھیک وہی....اسے انسان کہتے ہیں۔

ہاں وہی....وہ جو ننگ دھڑنگ چیختا چلاتا ہوا دیوانہ.....خود کے سائے کو روندتا ہوا کسی بدحواس ہرن کی طرح جنگلی بھیڑیوں کے ڈر سے بھاگ رہا ہے۔ وہ جو محض اپنی گندی گالیوں ہی سے خود پر پڑتے ہوئے پتھروں سے لڑ رہا ہے۔وہ جو شریر لڑکوں کے چنگل میں پھنسا ہوا خود اپنے بہتے ہوئے زخم چاٹ رہا ہے۔ ہاں وہی.....جو سسکتی ہوئی آنکھوں سے شاید اپنے اردگرد کے لوگوں کے ہونے کا سبب سوچ رہا ہے، ہاں وہی....ٹھیک وہی....اسے انسان کہتے ہیں۔

ہاں وہی....وہ جو سڑک پر بوٹی بوٹی پڑا ہوا کراہ رہا ہے۔ وہ جو لا وارث لاش بنا خود کے سڑنے کا انتظار کر رہا ہے۔ وہ جو خود کی بساند سے خود ہی مہک رہا ہے۔ وہ جو حشرات کی اب غذا بن رہا ہے، وہی.....جو شاید اپنی موت کے بعد اس دنیا کے ہونے کا سبب سوچ رہا ہے۔ ہاں وہی.....ٹھیک وہی....اسے انسان کہتے ہیں۔

ہاں وہی....وہی مرا ہوا انسان....پھر ایک رات خدا کے خواب میں بھی شامل ہو گیا۔ وہ ایک سوالیہ نشان بن کر اپنے معبود کے چاروں طرف طواف کرنے لگا۔ کبھی کسی دیوانے کی طرح ہنس ہنس کر اس سے سوال کرنے لگا اور کبھی کسی روتے ہوئے بچے کی طرح رو رو کر اس سے فریاد کرنے لگا.... ہاں وہی....ٹھیک وہی مرا ہوا انسان .....ایک سوالیہ نشان بن کر اپنے معبود سے اپنے جیون کا جواز مانگنے لگا۔

کہتے ہیں اس رات بہت آندھیاں چلی تھیں اور بہت طوفان بھی آئے تھے۔ رات اور بھی تاریک، دن اور بھی روشن ہو گئے تھے اور پھر وہ سناٹا آیا تھا کہ زمین کا دل دہل گیا تھا اور آسماں کانپ گیا تھا۔

کہتے ہیں اس رات خدا اور انسان کا ملاپ ہوا تھا اور پھر اس روتے سسکتے ہوئے انسان کے شعور پر چوتھے ڈائمنشن کا دروازہ کھل گیا تھا جس سے نکلتی ہوئی روشنیاں کائنات کا سینہ شق کر گئی تھیں اور چند انمٹ سوالیہ نقوش چھوڑ گئی تھیں۔ خدا کی تخلیق خدا جیسی کیوں نہیں ہے؟

خدا کا بت

اور جب آگ کے شعلے ہوا میں اٹھنے لگے اور سیاہ دھوئیں کے مرغولے آزر کے جلتے ہوئے بدن کے گرد ناچنے لگے تو نہ جانے کیوں آسمان بلک بلک کر رونے لگا اور پھر وہ منہ برسا کہ جلتے ہوئے آزر کی لاش پانی سے بھیگ گئی۔ آگ تو بجھ گئی مگر پھر اور دھواں اٹھنے لگا۔ دھواں تو اٹھنا ہی تھا، دھواں..... جو جلے ہوئے دل کی راکھ سے اٹھے تو پھر مٹی کی جگہ راکھ ہی سے بت بنتے ہیں اور پھر..... آزر جیسے بت تراش زندہ جلا کرتے ہیں۔

ہاں..... آزر بت تراش تھا۔ ایک ایسا بت تراش جو زندگی کے بت بناتا تھا۔ اس کے خیالات کی گیلی مٹی جب بت کا روپ ڈھالتی تو زندگی اپنی بدنما شکل دیکھ کر رونے لگتی۔ آزر کی گوندھی ہوئی مٹی جب خشک ہوتی تو اس کے بنائے ہوئے ''ماں'' کے بت کی جگہ اس کوکھ کا بت بنتا جس میں ایک بلبلاتا بچہ دنیا کے جہنم میں آنے سے پہلے خوفزدہ ہوتا اور جب آزر ''باپ'' کا بت بناتا تو ایسے ہاتھ بن جاتے جو خود سہارا بننے کے بجائے محض کشکول ہاتھ میں تھامے ہوئے ہوتے اور یونہی ہوتا رہتا اور اس کے بنائے ہوئے بتوں کی شکلیں زندگی کی کرب ناک علامتوں میں ڈھلتی رہتیں۔ پھر اس نے ''انسان'' کا بت بنانے کے لیے مٹی گوندھی..... مگر یہ ہوا کہ جب مٹی خشک ہوئی جو جنگلی بھیڑیے کا بت بن گیا اور پھر..... اچانک ایک دن اسے یہ عجیب خیال آیا کہ کیوں نہ خدا کا بت بنایا جائے۔

اور پھر کتنے مہینے، کتنے سال گزر گئے اور آزر مٹی گوندھتا رہا۔ ایک عالم وجدان تھا جو اس پہ طاری تھا۔ وہ اپنے تحت الشعور کی ساری ہی منزلوں کو جانچنے نکلا تھا، وہ خلیوں میں چھپی توانائیوں کو ناپنے نکلا تھا۔ وہ کائنات کے ذرے ذرے کو حیرانگی سے سوچتا تھا۔ کبھی تو افق کے پار طلوع آفتاب کے منظر کو دیکھتا، تو کبھی سمندروں میں چھپے موتیوں کی سچائی کو سوچتا۔ کبھی رنگوں کی کہکشاؤں میں الجھتا تو کبھی تاریکیوں میں روشنیوں کے خواب دیکھتا مگر تحت الشعور کے تمام تر دروازے وا ہو کر بھی اسے لاعلمی کے گھور اندھیرے کے سوا کچھ بھی نہ دے سکے..... تو وہ تھک ہار کر پھر سے زندگی کے سائے ہی میں سمٹ گیا۔ کچھ دیر کے لیے تو اسے لگا کہ خدا کہیں نہیں بس یہ زندگی ہی سب کچھ ہے۔ اور پھر ایک دن اس نے زندگی کے ارتقا کو خدا کے تصور سے جوڑ دیا۔ تو اسے یہ انہونا مگر تلخ خیال آیا اور پھر اس خیال کے آتے ہی وہ بلک بلک کر رونے لگا اور اس نے اپنے آنسوؤں سے اپنے دل کی مٹی گوندھی اور خدا کا بت تراش دیا۔

اور پھر جب سب لوگوں کو پتہ چلا کہ اس بار آزر نے خدا کا بت تراشا ہے تو وہ بہت چیخے چلائے، بہت غصے میں آئے۔ ان میں سے کچھ عبادت گاہوں میں جا کر گھنٹیاں بجانے لگے.... مارو، مارو.... اس بت تراش کو مارو..... کہ اس نے ہمارے خدا کی بے ادبی کی ہے۔ اسے زندہ جلا دو کہ اس نے آج ہمارے خدا کا بت بنایا ہے۔ تو پھر یہ ہوا کہ آزر کے گھر کو آگ لگا دی گئی اور پھر اسے بھی زندہ جلا دیا گیا۔ آزر جلتا رہا اور لوگ تماشا دیکھتے رہے مگر کسی نے نہ دیکھا کہ اس کے راکھ ہوئے گھر میں ایک کچی مٹی کا بت بھی پک کر کندن ہو چکا تھا۔ آزر کا بنایا ہوا خدا کا بت..... ایک چھوٹے سے معصوم بچے کا بت.....

''جو لاغر، کمزور اور ننگا تھا، جس کے ہاتھوں، پیروں کی ہڈیاں اور سینے کی پسلیاں سوکھی ہوئی تھیں، جس کی بھوکی آنکھوں میں آنسو تھے اور جس کے ہاتھ میں خالی پیالا تھا۔''

اکیسویں صدی کی موت

ہاہاہاہا..... ٹیلی فون پہ بات کرتے ہوئے کریم الدین ہنسنے لگا، مگر اچانک اسے لگا کہ جیسے اس کی ہنسی کی آواز محض اس کے جبڑوں کا میکانی عمل ہے، اس میں دل سے پھوٹنے والی بے اختیار خوشی کہیں نہیں ہے، اس کا دل ڈوبنے سا لگا۔ میری خوشی کہاں گئی؟ اس خیال کے آتے ہی کریم الدین نے بے دلی سے فون کریڈل پہ ڈالا اور قریب پڑی آرام کرسی پہ دراز ہو کر چھت کو تکنے لگا۔ نہ جانے کب اس کی آنکھ لگ گئی۔ یکایک اسے ہوش آیا تو اس نے خود کو ایک بھیانک تاریک سنسان گلی میں پایا..... ایسی گلی جس کے دونوں اطراف لمبی قد آور دیواریں تھیں اور آگے راستہ بند تھا..... یہ میں کہاں آ گیا ہوں، وہ گھبراہٹ اور بے چینی سے چیخنے لگا..... ''کوئی ہے؟ کوئی ہے؟'' مگر اس کی آوازیں دیواروں سے ٹکرا ٹکرا کر لوٹ کر اس تک واپس آنے لگیں، وہ سر پکڑ کر بیٹھ گیا اور بے اختیار رونے لگا۔ اچانک اسے لگا جیسے سامنے کوئی ہے۔ دھک..... دھک..... دھک..... دھک..... ''کون ہے؟'' اس نے بے اختیار پوچھا ''کون ہو تم؟'' تاریک گلی میں آواز گونجی..... ''کریم الدین تم اپنے وجود کے اندر ہو اور میں تمہارا دل ہوں جو دھڑکتا رہتا ہے کہ تمہاری جسمانی موت نہ ہو جائے، میرا میکانکی عمل ہی تمہاری زندگی کا سبب ہے تم نے ابھی بڑھاپے میں قدم رکھا ہے لیکن میں کب کا بوڑھا ہو چکا ہوں.....'' ''تمہیں پتہ ہے میں خوش کیوں نہیں.....'' اچانک کریم الدین کو یاد آنے

لگا....اونہہ.....دل نے ایک ٹھنڈی سی سانس بھری اور دھک دھک دھڑکتا رہا، کچھ دیر انتظار کے بعد اس نے پھر دل سے کہا ''کہو نا... میں خوش کیوں نہیں؟''.....مگر سوائے دھڑکنوں کی آواز کے، کریم الدین کو کوئی جواب نہ ملا....آہ! ''کیا کروں!'' یہ سوچ کر کریم الدین اندھیری گلی کی دوسری طرف آنکلا، وہی ہولناک سناٹا، وہی جان لیوا تاریکی....اس کا دل پھر بیٹھنے لگی.... ''کوئی ہے؟'' وہ خوف سے چیخنے لگا ''کوئی تو ہو، جو میرے سوال کا جواب دے؟'' اور پھر وہ زار و قطار رونے لگا۔ اچانک ایک روشنی اس کی آنکھوں کے سامنے کوندی، اسے لگا جیسے بہت سی برقی روئیں کئی حلقوں میں گھوم رہی ہیں ''کون ہو تم؟'' اس نے بے صبری سے پوچھا....آواز آئی، ''میں تمہارا دماغ ہوں۔ وہ جو تمہاری سوچ کا سبب ہے، وہ جہاں تمہارے فکر و خیال ترتیب پاتے ہیں، یہیں سے نکلنے والی برقی روئیں تمہارے جسم کے کونے کونے تک جاتی ہیں اور انہیں پیغامات کے بدولت تمہارا حیوانیت سے انسانیت تک کا تہذیبی سفر طے ہوا ہے۔ آہ! مگر اب میں تھک گیا ہوں اور میری تھکن کا سبب تمہاری میکانکی زندگی ہے'' کریم الدین نے بے چینی سے دماغ سے پوچھا.... ''تمہیں پتہ ہے، میں ہنستا ہوں تو مجھے خوشی کیوں نہیں ہوتی؟''....مگر سوائے برقی لہروں کے وہاں کچھ نہ تھا.....کریم الدین نے ایک بار پھر بوکھلا کر اندھیرے میں راستہ ٹٹولنا شروع کیا....مگر اچانک، اندھیرے میں کسی سے ٹکرا کر گرا۔ گھبراہٹ میں جو اس نے ہاتھ پیر مارے تو اسے لگا جیسے کوئی زمین پر بے سدھ پڑا ہے۔ ''کون ہے؟ کون ہے؟'' وہ گھبرا کر اسے ٹٹولنے لگا۔ اچانک اس کے گرد ایک آواز گونجی۔ ''میں لاش ہوں، تمہاری روح کی لاش....'' ''مگر....مگر.....میں تو زندہ ہوں۔ تو کیا تمہاری روح تو کب کی مر چکی ہے.....تمہیں پتہ ہے نا؟ بنا خوشی کے روحیں مر جاتی ہیں....'' ''مگر میں تو اپنی زندگی میں بہت خوش تھا'' کریم الدین نے بوکھلا کر کہا ''جب میں نے شادی کی تھی۔ ہاں کس قدر خوش تھا

میں۔'' ''نہیں کبھی بھی نہیں....'' آواز گونجی.....''کریم الدین تم کبھی بھی خوش نہیں تھے، تمہاری شادی محض معاشی آسودگی کی خاطر تھی، تمہاری محبت محض مصلحت تھی، محض ایک کاغذی سمجھوتا، ایک تعلیمی ڈگری کا دوسری تعلیمی ڈگری سے بیاہ تھا ایک سوشل اسٹیٹس سے دوسرے سوشل اسٹیٹس کا جڑنا تھا.....ایک میکانکی عمل....ایک کاروباری معاہدہ....اس میکانیکیت میں روح کے لیے خوشی کیسی !.....'' ''مگر، مگر جب میں نے اعلیٰ تعلیم حاصل کی تھی'' کریم الدین نے جرح کی''بڑی بڑی ڈگریاں لی تھیں، اپنے خواب پورے کیے تھے، میں کس قدر خوش تھا۔'' ''نہیں'' آواز آئی.....''وہ محض تمہاری جھوٹی انا کی تسکین تھی، تم ایک میکانکی نفسیات میں الجھے ہوئے تھے، جس سے باہر نکلنا تمہارے بس میں نہیں تھا، تمہارے سارے خواب، تمہاری ساری کوششیں، محض تمہارے سستے جذبوں کی پیداوار تھیں، وہ علم نہیں تھا....محض کاغذی ڈگریاں تھیں۔تمہاری خودساختہ بڑائی کے جھوٹے نشان تھے۔جس کے سہارے تم ساری عمر خود کی جھوٹی انا کو تسکین دینا چاہتے تھے۔جس میکانیکیت مین تم الجھ گئے تھے اس میں روح کے لیے خوشی کیسی....'' ''اور میرے بچے'' کریم الدین پاگلوں کی طرح اپنی مری ہوئی روح کو جھنجھوڑنے لگا'' وہ تو میری سچی خوشی کا سبب تھے.....میرے بچے.... میرے معصوم بچے.....انہیں دیکھ کر تو میری آنکھیں خوشیوں سے چمک اٹھتی تھیں..... انہیں یاد کر کے تو میرا دل محبتوں سے بھر جاتا ہے'' ''آہ!....نہیں کریم الدین....پھر وہی آواز گونجنے لگی''یاد کرو نا....'' کس طرح مہینوں اور سالوں کو گن کر تم نے بچے پیدا کیے تھے، کیسی میکانکی انداز کی محبت سے تم نے بچے پیدا کیے تھے.....محبتیں بڑھاپے کے سہاروں کی غرض سے نہیں ہوا کرتیں....تم بھول گئے مگر سچ تو یہ ہے کہ بیٹا پیدا ہونے پہ تم نے گہرے سکون کا سانس بھی لیا تھا، تمہاری محبت میں بھی اپنی نسل کو آگے بڑھانے کی غرض تھی.....کریم الدین خوشیاں خودغرضیوں سے پیدا نہیں ہوتی، اس فطری عمل

میں مصنوعی میکانیکیت کا کوئی حصہ نہیں.....آہ....تمہاری میکانکی زندگی تمہاری ساری ہی فطری خوشیاں چھین گئی......آہ! تمہاری بھوکی پیاسی روح خوشی کی آس میں دم توڑ گئی ....تمہاری روح مرگئی....کریم الدین روتے ہوئے گڑگڑانے لگا....''کوئی تو راستہ ہوگا....کوئی تو راستہ ہوگا'' کچھ دیر بعد اسے آواز آئی ''دل سے پوچھو کہ وہ ہی تو زندگی کی علامت ہے، شاید اپنی دھڑکنوں میں کہیں کوئی بھولی بسری خوشی چھپائے بیٹھا ہو....'' مگر شاید دیر ہو چکی تھی....ڈاکٹر نے آرام کرسی پہ دراز کریم الدین کی نبض پر سے ہاتھ ہٹا کر مایوس نگاہوں سے مڑ کر اس کی بیوی کی طرف دیکھا جو ایک کونے میں دوپٹے کا کونا منہ میں لیے رو رہی تھی۔

بیوی، دوسرے کی

عبدالجبار کو دوسروں کی بیویاں اچھی لگتی تھیں۔ وہ جب بھی کسی دوست، رشتے دار یا
ہمسائے کی بیوی کو دیکھتا تو نہ جانے کیوں اس کا دل گدگدانے لگتا، دماغ سنسنانے لگتا
اور بدن کپکپانے لگتا۔ اکثر و بیشتر اس کی اس کیفیت کا دوسروں کی بیویوں کو اس وقت
تک پتہ نہ چلتا جب تک اس کی نگاہیں ان کے ریشمی بدن کو کاٹتی ہوئی ایسے پیچیدہ
زاویے بنانے لگتیں کہ جن میں کوئی بھی زاویہ قائم نہ ہوتا، بس ترچھے سے بنتے ہوئے
راستے ہوتے اور ان پر دوڑنے والی برقی روئیں ہوتیں، جوان کی جلد کے مساموں
سے ہوتی ہوئی سیدھا دل کی دیواروں پہ حملہ کرتیں، ایسے میں دوسروں کی بیویاں یا تو
حیران نگاہوں سے اسے دیکھتیں اور اس ساری پیچیدہ جیومیٹری کو سمجھنے کے بجائے جبار
بھائی جبار بھائی کا راگ الاپنے لگتیں کہ عبدالجبار کی کاٹتی ہوئی نظروں سے بچنے کے
لیے اس سے بہتر ڈھال انہیں میسر نہیں ہوتی۔ اور جو کمزور بیویاں ہوتیں تو بیٹھتے ہوئے
دل کے ساتھ زمین کو تکنے لگتیں اور دل تک آنے والی ان برقی لہروں کو نظروں ہی
نظروں سے زمین کے سینے میں اتار دیتیں، ایسے میں وہ اکثر بڑی ہی بے تابی سے
اپنے پیروں سے زمین کو کریدنے بھی لگتیں اور عبدالجبار کو یوں گمان ہونے لگتا کہ جیسے
وہ اس کی نظروں کی حدت سے پگھل رہی ہیں مگر شرم و حیا کی شدت سے زمین میں
گڑ رہی ہیں۔

عبدالجبار کا یہ حال ایسا نیا بھی نہیں تھا۔ اسے بچپن میں بھی کبھی اپنے کھلونے بہت دیر تک پسند نہیں آتے تھے، جلد ہی وہ خود کے کھلونے ایک طرف ڈال کر اپنے دوستوں کے کھلونوں پہ حملہ کر دیتا تھا اور پھر جب وہ بڑا ہوا تو مجال ہے جو کبھی اپنی بہنوں کے کاموں میں ہاتھ بٹایا ہو، ہاں محلے میں یا دوستوں کی بہنوں کے تمام کاموں میں آگے آگے رہتا، چاہے وہ اسکول، کالج کے داخلے ہوں یا عید کی شاپنگ ہو، چاہے وہ مہینے بھر کا سودا سلف ہو یا شادی بیاہ کی رسمیں ہوں، عبدالجبار ہر معاملے میں پیش پیش رہتا۔ پھر ایسا بھی نہیں تھا کہ عبدالجبار کی بیوی خوبصورت نہیں تھی، خوبصورت تو وہ اس قدر تھی کہ عقل کا اندھا بھی اس کے حسن کی تعریفیں کرتا، تبھی تو اس نے خاندان بھر سے لڑ کر خاندان کے باہر کی لڑکی سے بیاہ کیا تھا۔ مگر شادی کے چند مہینوں میں ہی اس کی پرانی روش نئی خواہشوں پہ غالب آنے لگی۔ شروع میں تو اس کی بیوی بچپن کی عادت سمجھ کر نظر انداز کرتی رہی مگر جب اسے پتہ چلا کہ عبدالجبار بچپن میں بھی اپنے کھلونے چھوڑ کر صرف دوسروں ہی کے کھلونوں سے کھیلتا تھا اور شادی سے پہلے بھی دوسروں کی بہنوں کے کام صرف اسی لیے کرتا تھا کہ وہ دوسروں کی بہنیں تھیں تو اس کے صبر کا پیمانہ لبریز ہونے لگا۔ گھر کشتی کا میدان بن گیا، آئے دن جھگڑے ہونے لگے، پہلے برتن ٹوٹے اور پھر گھر۔

طلاق کے بعد عبدالجبار نے سکون کی سانس لی۔ جہاں جہاں نظروں کے تیر چھوڑے تھے وہیں دل جوڑنے لگا۔ چوری کی محبتیں اسے اچھی لگتی تھیں، ڈاکے کے مال پہ عجیب خوشی کا احساس اسے ہوتا تھا۔ جلد ہی اس کی زندگی پرانی ڈگر پہ تھی۔ وہ کبھی بھی اوروں کی بیویوں کو طلاق پہ نہیں اکساتا تھا، ملکیت کے تو تصور سے بھی اسے چڑ تھی۔ سال ڈیڑھ سال میں اس کا جہاں جہاں بس چلا اس نے ہاتھ صاف کر دیا مگر پھر کچھ ہی عرصے میں اس کی طبیعت یکسانیت سے اچاٹ ہونے لگی۔ دل میں ایک بے کلی سی رہنے لگی۔ کئی دنوں میں یہ خیال رہنے لگا کہ اب کسی ایسے شخص کی بیوی سے ملا

جائے جسے جانتا نہ ہو۔ جسے کبھی ملا نہ ہو، جسے کبھی بھی دیکھا نہ ہو۔ اس خیال کہ آتے ہی آس پاس کے شاپنگ سینٹروں اور سینما گھروں کے چکر لگانے لگا۔ کچھ دنوں تک تو کچھ بھی ہاتھ نہ آیا مگر بالآخر ایک دن اس کی نظریں پتھرا گئیں، دل گدگدانے لگا، دماغ سنسنانے لگا اور بدن کپکپانے لگا۔

سینما گھر کی بھیڑ کو کسی بھی طرح چیر کر وہ اس خوبصورت عورت تک پہنچ ہی گیا جو کسی کی نئی نویلی دلہن تھی، جس کا حسن کسی عقل کے اندھے کی بھی آنکھوں کو خیرہ کر دیتا۔ ایک انجانے شخص کے پاس کھڑی اس کی نئی نویلی دلہن کے پاس پہنچ کر اس نے حیرانگی سے تھوک نگلا اور پھر چیرتی ہوئی پرشوق نگاہوں سے اپنی طلاق یافتہ بیوی سے کہا.... تو تم اب ان کی بیوی ہو؟

بے وفائی

اپنی بیوی کی قبر کے برابر ایک نئی قبر دیکھ کر وہ سکتے میں آ گیا، ایک لمحے میں اسے لگا جیسے قبرستان کی ساری قبریں اس کی آنکھوں میں سمٹ گئی ہوں اور پھر جیسے ایک طوفان ساری قبروں کو بہا کر لے گیا۔ آنکھیں جیسے آبشار بن گئی تھیں اور پھر کچھ ہی دیر میں اسے لگا کہ جیسے اس کے پیروں سے جان نکل رہی ہو، وہ نڈھال ہوکر اپنی بیوی کی قبر کے کنارے بیٹھ گیا اور دونوں ہاتھوں میں منہ چھپا کر گھٹ گھٹ کر رونے لگا۔ اسے لگا کہ اس کے سینے میں ایک آگ سی بھرتی جا رہی ہے جو اندر ہی اندر اس کے وجود کو جلا کر راکھ کر رہی ہے اور اگر وہ چیخ چیخ کر نہ رویا تو اس کا سینہ درد سے پھٹ جائے گا۔ جیسے تیسے اس نے خود کے وجود کو سنبھالا اور گرتا پڑتا قبرستان کی مسجد میں گھس گیا۔ مسجد میں خالی گنبدوں کے سوا کوئی نہ تھا۔ اس نے روتے ہوئے آواز لگائی 'مولوی صاحب.... مولوی صاحب.... کوئی ہے؟' مگر آواز خالی گنبدوں سے ٹکرا کر اس کے کانوں میں بازگشت کرنے لگی۔ وہ روتا ہوا باہر نکلا۔ مسجد کے عقب میں کوئی شخص، شاید قبرستان کا گورکن، گندی سی دھوتی اور پھٹی ہوئی بنیان پہنے، اپنے کیچڑ سے لت پت پاؤں دھو رہا تھا۔ اس نے روتے ہوئے پوچھا 'مولوی صاحب کہاں ہیں؟' اس کے اعصاب اس وقت جواب دے گئے جب کیچڑ بھرے پاؤں والے شخص نے کسی گونگے کی طرح اشارہ کر کے کہا 'پتہ نہیں' اور پھر مسجد کی دوسری طرف چلا گیا۔ اس کے اعصاب پھر سے شل ہونے لگے، وہ وہیں زمین پہ دھرنا ڈال کر بیٹھ گیا اور گھٹنوں کے درمیان سر

جھکا کر پھوٹ پھوٹ کر رونے لگا۔قبرستان کی سوکھی جھاڑیاں اور بھربھری مٹی اس کے آنسوؤں سے نم ہونے لگی،اسے لگا جیسے برسوں کی پیاسی زمین اس کے چند ہی آنسوؤں سے سیم بن گئی ہو۔

پچھلے سات سال سے بلا ناغہ وہ اس بڑھاپے میں اپنی بیوی کی قبر پہ آتا تھا، قبر کی مٹی صاف کرتا تھا جیسے اس کے کپڑوں کی شکنیں دور کرتا ہو، پانی کی پھوار کرتا تھا جیسے اس کا منہ دھلاتا ہو، پھول لگاتا تھا جیسے مانگ میں سندور بھرتا ہو۔سات سال.... سات سال سے وہ ایک ایک دن گنتا اور ایک ایک رات کانٹوں پہ گزارتا تھا۔اس کے خیالوں سے گھنٹوں باتیں کرتا تھا، اس کو دلاسے دیتا تھا.....''مری جان! اب تنہائی بہت دور تک نہیں، ہم پھر ساتھ ہوں گے، وہ سپنے جو ادھورے رہ گئے تھے وہ ہمارے ملنے سے دوبارہ پورے ہوں گے،موت جو زندگی بھر کا اٹوٹ بندھن توڑ گئی تھی، اب موت ہی وہ دھاگہ پھر سے جوڑ دے گی اور پھر مولوی صاحب نے بھی تو مجھ سے وعدہ کیا ہے! دیکھ لینا، تمہارے برابر میں میرے سوا اور کوئی نہیں سوئے گا، چاہے وہ ابدی نیند ہی کیوں نہ ہو۔مری جان! میں بے وفا نہیں ہوں گا، میرا تم سے وعدہ ہے اور میں نبھاؤں گا' آہ....مگر یہ سب کیا ہوگیا، وہ دوبارہ حسرت بھری نظروں سے اپنی بیوی کی قبر کی طرف دیکھ کر رونے لگا 'اب میں تم سے کیسے نظریں ملا پاؤں گا' یہ کیسی رات مری زندگی میں آگئی جس نے موت کے بعد کی روشنی کو اندھیرا کر دیا....آہ، یہ کیا ہوگیا، میں تم سے بے وفا ہوگیا، میں تم سے بے وفا ہوگیا۔اچانک اسے لگا کہ جیسے کسی نے اس کے کندھوں پہ ہاتھ رکھا ہے۔اس نے پلٹ کر دیکھا، پیچھے کھڑے مولوی صاحب کی جذبات سے عاری آواز، جیسے دو گنبدوں میں سے گونجتی ہوئی اس کے کانوں سے ٹکرائی 'کون سی زمین، کس بندے کی امانت ہے یہ فیصلے بندوں کے نہیں.... یہ فیصلے تو صرف اللہ تبارک تعالیٰ کے ہوتے ہیں....'

انتظار

سگنل سرخ ہوتے ہی میرین نے کچھ لمحوں کے لیے گردن گھما کر دائیں طرف دیکھا اور جیسے اس کی نظریں کچھ دیر کے لیے پتھرا سی گئی، کچھ عجیب دل بٹھا دینے والا منظر تھا..... سڑک کے اس پار ایک خزاں رسیدہ تنہا درخت اور اس سے بھی زیادہ تنہا سر جھکائے بیٹھا ہوا سفید کھچڑی بالوں والا بوڑھا، جیسے دونوں ہی زندگی کے سارے عذاب سہہ کر خود کے جانے کا انتظار کر رہے ہوں۔'وقت پوری جوانی کی شدت سے ان دونوں کے لیے بڑھاپا لایا تھا۔ دونوں کا ایک ہی کرب تھا، آنے والی سیاہ رات کا انتظار....' میرین نے ڈوبتے ہوئے دل سے سوچا'موت کا انتظار موت سے بدتر ہے۔'

سگنل کے سبز ہوتے ہی میرین نے گاڑی آگے بڑھائی اور اسپتال کے سائین کی طرف گاڑی موڑ دی۔ اگلے تین دن کس طرح سے گزرے اسے پتہ ہی نہ چلا۔ آج میڈیکل رپورٹس ہاتھ میں لیے ڈاکٹر فنلیسن اس کی طرف ٹکٹکی باندھے دیکھ رہا تھا اور وہ سر جھکائے اپنی جلد کے مساموں کو گھور رہی تھی۔ کچھ دیر بعد جب اس نے نظر اٹھا کر ڈاکٹر فنلیسن کی طرف دیکھا تو اس کی آنسوؤں میں ڈوبی سرخ آنکھیں جیسے اس کے دل کا سارا حال بتا رہی تھیں۔ نہ جانے قدرت اس قدر باذوق کیوں ہے کہ آنسوؤں کا مزا بھی نمکین ہے۔ ایسا نمکین جو زخموں پہ پڑ کر درد نہیں دیتا بلکہ شفا بن جاتا ہے۔ کیا واقعی جذبات کی شدت جسمانی اظہار کے ذائقوں کا بھی سبب ہے، اس نے

سوچا 'اچھا تو پھر کتنے اور دن؟' یہ کہہ کر وہ ایک بار پھر ڈاکٹر فنلیسن کی شکست خوردہ نظروں کی تاب نہ لاتے ہوئے کمرے کی انجانی دیواروں کو تکنے لگی۔ چند ہی لمحوں میں اس کی دنیا میں بقیہ موجودگی کا وقت طے ہونا تھا' آہ!....کیا موت ان انتظار کے لمحات سے زیادہ ہولناک ہوگی۔' اس نے پھر سے سوچا 'ممکن ہے ڈاکٹر فنلیسن کا جواب اس کا نروس بریک ڈاؤن ہی کردے' 'مگر جواب سن کر اسے کچھ بھی تو نہ ہوا۔ بس دماغ جیسے تھوڑی دیر کے لیے سن سا ہوگیا ہو، مگر ڈاکٹر فنلیسن کو ایسا لگا جیسے شاید اس نے سنا نہیں۔ ایک بار پھر اس نے ذرا زور سے دہرایا 'شاید دو سے تین مہینے' لیکن پھر اچانک ایک شرمندگی کا احساس اس پہ غالب آگیا، 'شاید مجھے دوبارہ نہیں کہنا چاہیے تھا، اسے لگا کہ جیسے اس خبر کو جذب کرنے کے لیے دماغ کے ایسی سویشین ایریاز، کسی اونچی تھرشولڈ پر جاکر، قطرہ بہ قطرہ ٹپکتے آنسوؤں کی شکل میں اس خبر کو اپنے سینے میں اتار رہے ہیں، آہ! کچھ خبریں قبر سے بھی زیادہ تاریک ہوتی ہیں۔' ڈاکٹر فنلیسن پھر دوبارہ آہستہ سے شرمندہ لہجے میں بڑبڑایا 'مجھے دکھ ہے میں آپ کی بیماری میں آپ کے لیے مددگار ثابت نہیں ہوسکا' 'ان سب باتوں کی ضرورت نہیں' اس نے ڈاکٹر فنلیسن کی طرف دیکھ کر کہا 'تم خدا نہیں تھے' اچانک ایک لمحے کے لیے اسے اپنے کہے لفظ پہ حیرت ہوئی۔ 'تھے' اس قدر جلدی.....ابھی تو میں مری نہیں' میں گھر جاؤں گی، آپ میرا ڈسچارج آرڈر بنادیں'۔ اس نے الوداعی نظروں سے اسے دیکھ کر کہا۔

اسپتال سے بوجھل قدموں سے نکلتے ہوئے اس نے سوچا 'آج سے چند روز پہلے جب میں اسی راستے اسپتال آرہی تھی تو مجھے معلوم نہ تھا کہ جسے میں محض معمولی کمزوری سے بے ہوش ہونا سمجھ رہی تھی وہ کم بخت دماغ کا کینسر نکلے گا اور کینسر بھی جلیو بلاسٹوما، کسی بلا کی مانند چپکے سے آئے گا اور مجھے کھا جائے گا۔ محض انتالیس سال، پورے چالیس بھی نہیں۔ کہتے ہیں چالیس سال میں کہیں جا کر انسان ذہنی طور پر بالغ

ہوتا ہے۔ پر جو چالیس پہ بھی نہیں ہو پائے تو شاید پھر کبھی بھی بالغ نہیں ہوتا۔ ڈاکٹر فنلیسن نے تو محض دماغ کے سی ٹی اسکینز اور ایم آر آئی کی رپورٹ دیکھ کر میری قسمت کا فیصلہ مجھے سنا دیا، نہ بہت سارے ٹیسٹ ہوئے نہ ڈاکٹروں کا پینل بیٹھا۔

اسے اپنے ڈائیگنوسس پہ یقین تھا اور اب..... مجھے اپنی موت کا۔' کینسر ایسی جگہ تھا کہ سرجری ممکن نہیں تھی اور ریڈیشن اور کیموتھراپی کے بعد کی ذرا سی بچی ہوئی کیڑوں مکوڑوں والی زندگی اسے چاہیے نہیں تھی، وہ ڈاکٹروں کے ہاتھوں گوانا پگ نہیں بننا چاہتی تھی۔ اسے بستر پہ لیٹ کر کراہنا اور ہیلپ ہیلپ پکارنا برا لگتا تھا۔

گاڑی کب ہاسپٹل کی پارکنگ سے نکلی اور کب سڑک پہ آئی اسے پتہ ہی نہ چلا۔ وہ اپنے خیالات میں ڈوبی، آنسوؤں کو پیتی اچانک اسی سرخ سگنل پہ دوبارہ آر کی۔ نظر اٹھا کہ دیکھا تو ایک دم ششدر سی رہ گئی۔ سڑک کے اس پار کا خزاں رسیدہ تنہا درخت اب اور بھی تنہا ہو چکا تھا۔ گاڑی ایک طرح کھڑی کر کے میرین روتے ہوئے، بوڑھے کی خالی کی ہوئی جگہ پہ، درخت سے ٹیک لگا کر بیٹھ گئی اور........آنے والی سیاہ رات کا انتظار کرنے لگی۔

لال چونا

گجی نے سوکھے چونے کے ڈلے پانی کے ڈرم میں ڈالے اور پھر بالٹی بھر کر پانی ڈرم میں انڈیل دیا، کچھ ہی دیر میں ڈرم سے دھواں اٹھنے لگا، گجی نے چونا چھاننے کا سوتی کپڑا ڈرم کے منہ پہ کس دیا اور ڈرم کو کھسکا کر مسجد کے صحن کی دیوار سے لگا دیا اور پھر نلکے کے پاس پڑی اینٹ پر بیٹھ کر وضو کرنے لگا۔ اسے پتا تھا کہ چونے کو بھیگنے کے لیے کچھ گھنٹے تو چاہیے تبھی تو اس کا رنگ دیوار پر ڈسٹمبر کی طرح چڑھے گا۔ گجی اور چونے والوں کی طرح چلتا کام نہیں کرتا تھا وہ ایک خاندانی چونے والا تھا۔ برسوں سے اس کے باپ دادا یہی کام کرتے تھے۔ وہ صرف دس سال کا تھا اور اس نے اپنے باپ کے ساتھ مل کر ارد گرد کے محلے کی کئی منزلہ عمارتوں پہ چونا رنگ دیا تھا، وہ اکثر اپنی بیوی کو بڑے فخر سے محلے کی ان تمام عمارتوں کے نام ایک ایک کر کے گنا تا اور جب ہاتھوں کی انگلیاں ختم ہو جاتی تو باضابطہ کاغذ پر فہرست بنانے کی کوشش کرنے لگتا، اس دوران وہ اکثر بھول جاتا کہ اس کے اور اس کے باپ کے کارنامے سنتے سنتے اس کی بیوی گہری نیند میں چلی گئی ہے۔ گجی کو دکھ تھا کہ اس کی بیوی اس کے اکلوتے بیٹے سے چونے والا کام نہیں کروانا چاہتی۔ اور یہ برسوں پرانا خاندانی پیشہ اب اس کے نام پر ہی ختم ہونے والا ہے مگر جب سے اس کے یار جبرے کی موت ہوئی تھی وہ خود بھی اپنی بیوی کی طرح سوچنے لگا تھا، جبرے کا مرنے سے دو دن پہلے ہی تو بیاہ ہوا تھا۔ بس قسمت کی خرابی،

حاجی صاحب کی چوتھی منزل پہ چونا کرتے ہوئے لکڑی کے پٹھے پر سے پاؤں پھسلا اور آناً فاناً زمین پہ ایسا گرا کہ اگلا سانس بھی نصیب نہیں ہوا۔ اس دن اس نے اپنی بیوی کی بات مان لی اور اپنے بیٹے کو کام سے اٹھوا کر اسکول میں داخل کرا دیا، اب وہ سارا دن اسکول میں کتابیں پڑھتا اور شام میں مسجد میں سپارے پڑھنے جاتا۔ کل ہی تو مولوی صاحب نے کہلا بھیجا تھا کہ مسجد کی دیواروں کا چونا پپڑی بن کر گر رہا ہے۔ پہلے مسجد میں دن میں دو بار جھاڑو لگتی تھی اور اب ہر دو گھنٹے کے بعد پوری مسجد صاف کرنی پڑتی ہے۔ گجی خوش تھا کہ اللہ کے گھر کا یہ بابرکت کام بھی اس کے نصیب میں تھا۔ وہ تو یوں بھی یہ کام فی سبیل اللہ ہی کرنا چاہتا تھا۔ اگلے دن فجر کی اذان سے پہلے ہی وہ لکڑی کے پھٹے، بانسے، سیڑھی، کچیاں اور چونے کے خالی ڈبے اور بالٹیاں لے کر مسجد پہنچ گیا، سارا سامان صحن کی دیوار سے لگا کر کونے میں رکھے ہوئے چونے کے ڈرم میں، ایک لکڑی سے چونے کو زور زور سے ہلانے لگا اور پھر رات بھر کے بھیگے ہوئے چونے کے گاڑھے سفید رنگ کو دیکھ کر مسکرانے لگا۔ اچانک اسے لگا جیسے اس کے پیچھے کوئی کھڑا ہوا ہے، پیچھے پلٹ کر دیکھا تو اس کا لاڈلا بیٹا سر پہ مسجد کی چٹائی والی ٹوپی لگائے چونے کے ڈرم کو گھور رہا تھا۔ اس نے گجی کو مسکرا کر دیکھا اور پھر سنت پڑھنے صحن سے مسجد کے اندر چلا گیا۔ گجی نے سوچا، ابھی فجر کے بعد وہ پہلے موذن صاحب کے حجرے سے سفیدا شروع کرے گا پھر دیواروں اور چھت کو پورا کرتا ہوا باہر صحن کی طرف آئے گا، اس کے بعد صحن کے اطراف کی دیواریں، وضو والی ٹنکی اور آس پاس کا حصہ، آخر میں گنبد، مینارے اور پھر باہر کی دیواریں۔ اچانک مولوی صاحب نے اسپیکر پر گلا کھنکارا اور اذان شروع کی...... مگر اس سے پہلے کے مولوی صاحب کی آواز اذان بنتی، فضاء بندوق کی گولیوں سے گونجنے لگی۔ گجی کو اچانک لگا جیسے مسجد میں کسی نے مشین گن کا برسٹ چلا دیا ہے یکا یک مسجد میں چیخوں کی

آوازیں، بھگدڑ، دھواں اور بارود کی بدبو پھیل گئی۔ لوگ مسجد میں سے بھاگ کر صحن کی طرف آتے ہوئے لاشوں کی طرح گر رہے تھے، کسی کو نہیں معلوم گولیاں کہاں سے آرہی تھی۔ ایک طوفان تھا، جو تھمنے کا نام نہیں لے رہا تھا۔ گجی کے کچھ سمجھ نہ آیا تو چونے کے ڈرم کے پیچھے اپنے دونوں کانوں کو گھٹنوں میں دے کر کانپنے لگا۔ کچھ ہی دیر بعد گولیوں کی آوازیں بند ہوگئیں۔ تھوڑی دیر میں اسے لگا کہ جیسے ایک موت کی سی خاموشی ہے اور پھر فضا چیخنے اور درد سے کراہنے والوں کی آوازوں سے گونجنے لگی۔ ڈرتے ڈرتے گجی نے آنکھیں کھولی۔ سارا صحن زخمیوں اور لاشوں سے بھرا پڑا تھا۔ اسے یاد آیا کہ اس کا لاڈلا بھی تو اندر نماز پڑھ رہا تھا، گجی دیوانہ وار صحن سے بھاگتا ہوا مسجد کے اندر داخل ہوا، سامنے ہی اس کے بیٹے کی گولیوں سے چھلنی لاش خون میں رنگی دوسرے نمازیوں کے ساتھ پڑی تھی۔ مسجد کی دیواریں اور چھت خون سے رنگی ہوئی تھیں۔ اس نے جھک کر اپنے بیٹے کے جسم کو ٹٹولا اور پھر بے اختیار اس کے منہ کو چومنے لگا۔ گجی نے اپنے اکلوتے بچے کی لاش کو سینے سے لگایا اور دھاڑے مارتا ہوا مسجد کے صحن میں آگیا اور پھر چیخ چیخ کر آسمان کی طرف دیکھ کر رونے لگا، جب اسے اور کچھ سمجھ میں نہیں آیا تو بچے کی لاش کو فرش پہ ڈال کر روتا پیٹتا بھاگتا ہوا چونے کے ڈرم کے پاس آیا، اپنے دونوں خون سے لتھڑے ہاتھ چونے کے ڈرم میں گھمانے لگا پھر کچی اٹھائی اور روتے ہوئے صحن کی باقی دیواروں کو لال رنگنے لگا۔

نروان

''مجھے نروان چاہیے مما''...... ''نروان......کیسا نروان بیٹا''..... مسز رحمٰن نے آنسوؤں کو آنکھوں میں جذب کرتے ہوئے کہا۔ ''مما مجھے نروان چاہیے، میں آپ لوگوں کے ساتھ نہیں رہ سکتی مجھے اپنی ادھوری شکل مکمل کرنی ہے''......

''ادھوری شکل''..... اٹھارہ سالہ موہنی کیسی باتیں کر رہی تھی.... ''مجھے سمجھ میں نہیں آیا بیٹا، تمہاری شکل ادھوری تو نہیں اور مانا کہ اگر تم خود میں کچھ کمی محسوس کر بھی رہی ہو تو کیا گھر چھوڑنا ضروری ہے؟ تم اپنے گھر میں رہ کر ہی خود کو مکمل کر و بیٹا''..... ''نہیں مما آپ کو نہیں معلوم گہرائیوں میں انسانوں کی ترتیب کبھی کبھی بے ترتیب بھی ہو جاتی ہے، لفظ اپنے معنی پالیں ضروری تو نہیں، میرے جذبات میری شخصیت کو reflect نہیں کرتے..... میں کیا ہوں مجھے جاننا ہوگا...... مجھے اپنے اندر سے خود کو ڈھونڈنا ہوگا۔''

''مگر بیٹا یہ سب کچھ اچانک کیسے؟'' ''نہیں مما موہنی نے سنجیدہ لہجے میں کہا 'یہ آج اور کل کا قصہ نہیں ہے صدیوں کا فسانہ ہے، انسانی رشتے تو وقتی واقعوں کا حصہ ہیں، اصل حقیقت تو کچھ اور ہے، میں بے ترتیب ہوں اور اپنی ترتیب چاہتی ہوں۔'' مسز رحمٰن نے روہانسی آواز میں کہا ''بیٹا ایک دو سال نہیں، اٹھارہ سال سے ہم امریکہ میں رہ رہے ہیں تمہارے ابا اور میں دونوں ہی ڈاکٹر تھے پر میں نے ساری زندگی

تمہیں اور شہروز کو اعلیٰ تربیت دینے کے لیے گھر پر ہی گزار دی تا کہ ہمارے بچے ہمارے لیے فخر کا سبب بن جائیں، اور آج تم یہ کہتی ہو تمہاری تر تیب ٹھیک نہیں، میری اور رحمٰن کی تربیت میں تو کوئی کمی نہیں تھی پھر میں یہ سب کیا سن رہی ہوں بیٹا؟''

''مما آخر آپ سمجھتی کیوں نہیں ہیں، یہ بات نہیں کہ ہائی اسکول کر لیا، Bachelor ہو گیا، ایک کاغذ کا ٹکڑا ساری عمر کا کھانے کا meal token ڈگری کے نام پہ ماتھے پر چپکا لیا اور سرخرو ہو گئے۔ واہ.... کیا خوب... نہیں مما یہ بات نہیں.... بات کچھ اور ہے.... کچھ خلش کچھ خواہشیں ہیں، کچھ جذبات اور بہت ساری ایسی باتیں کہ جن کا بیان لفظوں میں ممکن نہیں.... مگر اس کے لیے insight ہونا ضروری ہے.... مما.... کبھی کبھی تو مجھے لگتا ہے کہ جیسے جو میں ہوں، وہ میں نہیں.... میں کچھ اور ہوں.... اچھا آپ مجھے بتائیے آپ عورت کیوں ہیں مرد کیوں نہیں؟''

''بیٹا جو خدا نے مجھے بنایا ہے وہی میں ہوں وہی میری جنس ہے۔ اس میں کیا کوئی فرق ہے یہ تو سارا سمجھنے سمجھانے کا سلسلہ ہے'' ''نہیں مما یہی تو غلطی ہے آپ کی اور آپ کے Generation کی، آپ لوگوں کو تو جیسی زندگی ملتی ہے آپ لوگ خود کو اسی ساخت میں ڈھال لیتے ہیں.... مما مجھے ایسی زندگی نہیں چاہیے..... مجھے بتوں کی طرح نہیں جینا.... مجھے جاننا ہے مما، مجھے جاننا ہے..... مجھے فطرت کے رازوں کی آ گہی چاہیے.... خود کی تکمیل چاہیے، مجھے نروان چاہیے''......

''اف، تم کیا چاہتی ہو بیٹا؟'' ''مما میں.... میں..... گھر چھوڑ کر جا رہی ہوں ..... میں اپنی سہیلی Jenny کے ساتھ رہوں گی۔'' ''تو کیا گھر چھوڑ کے تمہیں نروان مل جائے گا؟''

''نہیں مما نروان آسان نہیں، یہ تو آ گہی کا سلسلہ ہے جو صدیوں کی تپسیا سے خود میں لمحہ بہ لمحہ سرایت کرتا ہے..... میں پچھلے دو سال سے Jenny کے ساتھ سو رہی

ہوں.....مگر میں اب ایسا محسوس کرتی ہوں کہ مجھے اس کے ساتھ رہنا اچھا لگتا ہے اور مجھ پہ یہ حقیقت بھی کھل رہی ہے کہ میری روح شاید غلط جسم میں ہے.....مما آپ سمجھتی کیوں نہیں.....میں کس قدر خوش ہوں اس کے ساتھ.....کیا خوشی ہی وہ جذبہ نہیں کہ جس کے پیچھے آپ اور آپ جیسے سارے انسان بے تحاشا دوڑ رہے ہیں؟ تو مجھے بھی جانے دیجیے نا''.....میری خوشی کہاں ہے.....نروان کہاں ہے۔''

''آہ! میرا گھر....ایک گہری سانس کے ساتھ مسز رحمٰن صوفے میں جیسے دھنس گئیں اور دھندلی آنکھوں سے، بڑبڑاتی ہوئی رحمٰن کا فون نمبر ڈھونڈنے لگیں.... 'نروان ہوگیا ہے....آہ! رحمٰن.....اور آؤ امریکا.... vascular surgeon بنو گے..... جسم سے دماغ تک رگوں کا علاج کرنا ہے....خون کی روانی ٹھیک ہے کہ نہیں.....آہ! رحمٰن، شعور کی اس منزل کو کون سی رگ جاتی ہے؟ کچھ کرو نا اب؟'....کانپتے ہاتھوں سے انہوں نے رحمٰن کا نمبر ڈائل کیا.....وہ بظاہر آج بھی اپنے آفس میں مریضوں کی فائلوں میں گم تھا.....'سنو رحمان، تم سنتے ہو، یہ موہنی کیا کہتی ہے' مگر مسز رحمٰن کی آواز اس وقت ششدر رہ گئی جب دوسری طرف کسی ننھے سے بلکتے بچے کی طرح رحمٰن نے ہیلو کہا....'تم ٹھیک کہتی ہو، صرف موہنی ہی کو نہیں....شہروز کو بھی نروان ہو چلا ہے.... آج وہ میرے آفس آیا تھا.....تمہیں یاد ہے نا؟ وہ تین سال کا تھا جب ہم امریکا آئے تھے.....تمہیں یاد ہے وہ سارے دن، وہ ساری راتیں....وہ میرا نیوز اسٹینڈ پر کھڑے ہوکر اخبار بیچنا....وہ دن رات کی سخت ٹریننگ اسپتالوں کی....وہ تمہارا شہروز کو رات رات بھر جاگ کر سنبھالنا اور پھر مستقبل کے سارے چمکتے سپنے.... یاد ہے نا....تمہیں تو سب یاد ہوگا، تمہاری یادداشت تو ہمیشہ سے مجھ سے اچھی تھی۔ میں نے ہی کہا تھا نا کہ مذہب کی برکتیں ہوتی ہیں، اس سے اعلیٰ کردار پیدا ہوتے ہیں۔ سچ ہی تو تھا....آج شہروز آفس آیا تھا....وہی شہروز....جس نے نو سال کی عمر میں پورا قرآن شریف زبانی

یاد کر لیا تھا۔ جس کی تلاوت کی آواز سے سارا گھر کسی مدھر سر میں بندھ جاتا تھا۔ وہی شہروز....جس نے تیرہ سال کی عمر میں عید کی نماز پہ پورا خطبہ دیا تھا اور نماز کے فضائل سے زکوٰۃ کی اہمیت تک ہر شے پر بڑی مفصل روشنی ڈالی تھی۔ آہ! یاد ہے نا، ہم کتنے خوش تھے.....ہاں وہی شہروز....آج اپنا گھر چھوڑ کر چلا گیا ہے۔ وہ کہتا ہے کہ میں غلط ہوں.....میری ہر شے کہ جس پہ مجھے ناز ہے، غلط ہے....میری زندگی کے سارے لمحے.....سب کچھ غلط، میری غذا، میرا پانی حتیٰ کہ میری سانس بھی غلط.....وہ کہتا ہے۔ یہ نظام سودی ہے، خلافِ شریعت ہے۔ میرے گھر کی بنیادوں میں سود کا پیسہ ہے.....میری محنت کی کمائی میں وہ federal tax بھی شامل ہے جس کا بڑا حصہ ان سیاسی حکمت عملیوں سے defence کے نام پر بھی خرچ ہوتا ہے کہ جس کے نتیجے میں مسلمانوں کے گھروں میں چولہے نہیں جلتے مگر ان کے سینے چھلنی ہوتے ہیں....جو بارود کی شکل میں میرے مذہب کے ماننے والوں کے جسموں کو دھواں کرتے ہیں.....وہ کہتا ہے میری ساری زندگی غلط ہے.....صرف غلط ہے.....اک حرفِ غلط.....وہ کہتا ہے.....مجھے آپ کے ساتھ نہیں رہنا.....مجھے غلط نہیں، صحیح چاہیے.....مجھے جھوٹ نہیں.....سچ چاہیے........مجھے نروان چاہیے.......مجھے نروان چاہیے'

PLEDGE OF ALLEGIANCE

ایک جھٹکے سے اس کا سکون تحلیل ہوگیا، دل جیسے حلق میں دھڑک رہا تھا۔اس نے گھبرا کرفون اٹھایا! ’ہیلو ہیلو، کون؟‘

دوسری طرف اس کا چھوٹا بھائی رو رہا تھا، ’بھیا! ابا جی کا انتقال ہوگیا‘......

’کیا!‘.....وہ نیند کے گہرے سکون سے نکل کر ایک بار پھر دنیا کے تکلیف دہ بکھیڑوں میں شامل ہوگیا تھا۔

اس نے نائٹ بلب کی اندھیری روشنی میں گھڑی کی طرف دیکھا، صبح کے پانچ بج رہے تھے۔فون کو کان پہ لگائے ہوئے ہی اس نے ایک گہری سانس لی اور حواسوں کو قابو میں کرنے لگا..... ’کب؟‘ اس نے آہستہ سے کہا اور پھر جواب سنے بغیر ہی ایک زور سے آہ بھری اور زمین کو تکنے لگا۔

’تم پاکستان آرہے ہو؟‘ اس کے بھائی نے پوچھا۔ کچھ دیر خاموش رہ کہ اس نے آہستہ سے کہا......

’نہیں، اب یہ اتنا ضروری نہیں رہا‘.....کچھ وقفے کے بعد اس نے پوچھا ’کیا انہوں نے میرے لیے کچھ کہا تھا؟‘.....جانے سے پہلے؟.....’ہاں ایک خط دیا تھا، تین چار دن پہلے ہی کہہ رہے تھے کہ میل کردوں لیکن مجھے معلوم نہیں تھا یہ سب اتنی جلدی ہوجائے گا‘ اس کا بھائی دوبارہ رونے لگا۔

'اب کیا ہوسکتا ہے'، اس نے ڈوبتی ہوئی آواز سے کہا 'اچھا مجھے وہ خط فیکس کر دینا' خدا حافظ کہہ کر اس نے فون بند کر دیا۔ کچھ دیر تک وہ یونہی ٹیلی فون کو تکتا رہا اور پھر گردن گھما کر بیڈروم کی دیواروں کو خالی نظروں سے گھورنے لگا۔ 'کس قدر حبس ہے'، وہ بڑبڑاتے ہوئے کچن کی طرف آ گیا۔ فریج میں سوائے اسکاچ کے کوئی بھی خاص شے نہیں تھی وہ گلاس لے کر بالکنی میں کھڑا ہو گیا۔ اٹھارویں منزل سے آس پاس کی تمام ہی عمارتیں اسے کھلونوں کی طرح نظر آ رہی تھیں۔ آسمان تاروں سے بھرا ہوا تھا، سڑکوں پہ دور دور کہیں کچھ گاڑیاں نظر آ رہی تھی ورنہ ہر طرف ایک تاریک سناٹا تھا...... اس نے گہری سانس لی اور آسمان کو تکنے لگا، کچھ ہی دیر میں اسے ایسا محسوس ہونے لگا جیسے اسکاچ اس کے منہ سے جسم میں جانے کے بجائے آنکھوں سے باہر آ رہی ہو اور پھر اس کے گال بھیگنے لگے۔ وہ آہستہ سے بڑبڑایا Pledge of allegiance، میں تیرہ سال کا تھا..... یاد ہے نا اباجی؟ جب تیرا میرا پہلا جھگڑا ہوا تھا، کسی پرائمری اسکول کے استاد کی طرح تو نے مجھے اپنے رٹے ہوئے سبق یاد کرانے کی کوشش کی تھی..... پر تو بھی کیا کرتا، پرائمری اسکول کا استاد ہی تو تھا...... میں بیٹا کب تھا.... میں تو ہمیشہ سے تیرا ناکارہ شاگرد تھا' مجھے یاد ہے کس قدر خشمگیں نگاہوں سے مٹّھیاں بھینچ کر مجھے دیکھتے ہوئے تو اسکول کے بچوں کو قومی ترانہ یاد کرا رہا تھا اور میں شوخ نگاہوں سے تجھے چڑا رہا تھا.... میں نے یہی تو کہا تھا نا کہ میں ہر چوبیس گھنٹے کے بعد وفاداری کا یہ گانا نہیں گا سکتا..... ماں سے محبت تو پیٹ سے ہی بچے میں اتر آتی ہے پھر یہ Pledge of allegiance کا گردان کیوں؟ پر تو نے میری بات کب سمجھی تھی، تو نے تو میرے گال لال کر دیے تھے اور پھر ہماری سرد جنگ بڑھتی ہی رہی..... مجھے یاد ہے تو نے تو اس دن بھی میرا ساتھ نہیں دیا تھا جب گلی کے ساتھ آٹھ لڑکوں سے بقول تیرے میں 'دنگا مستی' کر کے گھر میں گھسا تھا.... تجھے یاد ہے نا...... میرے تو گھٹنے بھی

زخموں سے چھل گئے تھے.....صرف یہی تو میں نے کہا تھا کہ ایمان تو خون میں شامل ہوتا ہے پھر ہر چار چھ گھنٹے کے وقفے سے pledge اور repledge کی کیا ضرورت ہے؟ patriotism اور religion، دونوں ہی تو فطری عمل ہیں، پھر یہ بار بار کا pledge کیوں؟ کیا خود پر ذرا اعتماد..... پر تو نے مجھے کہاں معاف کیا تھا؟ ہاں گھر سے نکال دیا تھا.....کتنے ہی سال تو میں پاکستان میں آوارہ پھرتا رہا تھا اور اب پچھلے چودہ سال کا بن باس.... یہاں امریکا میں......پر سوال تو اب بھی وہی ہے....اچھا! ایک دن....کیا ایک دن بھی میں تجھے ان چودہ سالوں میں بھلا پایا؟.....نہیں نا.......پھر؟ ٹرن ٹرن ٹرن، فون کی گھنٹی زور زور سے بجنے لگی.....سوچ کے سارے ہی سلسلے ٹوٹ گئے، تھوڑی ہی دیر میں fax machine سے ایک کاغذ نکل کر زمین پر گر گیا۔ اس نے ڈوبتی ہوئی نظروں سے کاغذ کو دیکھا اور پھر اس کے چہرے پر مسکراہٹ پھیل گئی pledge of allegiance۔

''میرے بیٹے مجھے معلوم ہے میری زندگی بہت تھوڑی رہ گئی ہے اس قدر تھوڑی کہ تمہارے اور میرے درمیان کے راستے اب اس سے طے نہیں ہو پائیں گے۔ پر باپ ہونے کے ناطے میری خواہش ہے کہ تم سال میں ایک بار، صرف ایک بار میری قبر پہ پھول ضرور چڑھا دیا کرنا......''

بے بی کیئر سینٹر

بے بی کیئر سینٹر کا ماحول کبھی بھی خراب نہ ہوتا اگر یہ شرارتی بچے نہ ہوتے..... بی بی جہاں نے سوچا.... یہ معاملہ نہیں تھا کہ بی بی کا بے بی کیئر سینٹر کوئی دو چار مہینوں میں تعمیر ہوا تھا۔ اندرونِ خانہ تو عمارت کی تعمیر پچھلے تیرہ سال سے جاری تھی مگر مناسب موقع پر اشتہار کی ضرورت تھی..... بی بی منتظم بہت اچھی تھیں۔ اس لیے ہر کام نہایت باریک بینی اور وضاحت سے کرتیں اور پھر انتظامی خصوصیات بھی ایسی کہ پوچھونا.....جلد ہی بی بی کا بے بی کیئر سینٹر ایک مثالی سینٹر کا روپ دھار گیا۔ کامیابی کی اس سے بڑی اور کیا مثال ہوگی کہ لوگ دور دور سے ان کے سینٹر میں اپنے جگر کے ٹکڑوں کو جمع کرا دیتے اور بے فکر ہو کر شب و روز کے کاموں میں مگن ہو جاتے، شاید ہی دن کے کسی حصے میں انہیں اس بات کا خیال آتا کہ ان کے لال انہیں یاد کرتے ہوں گے۔ انہیں اس بات کا پورا یقین تھا کہ بی بی کی ممتا بھری طبیعت اور سلیقہ مندی ان کے بچوں کو اعلیٰ تربیت یافتہ انسان بنانے میں کوئی کسر نہیں چھوڑے گی۔ بی بی کسر چھوڑتیں بھی کیسے۔ انہیں ان پیارے پیارے معصوم بچوں سے محبت بھی تو کتنی تھی.....وہ جانتی تھیں کہ یہ بچے عقل کے کچے ہیں پر دل کے سچے اور موم کی گڑیاؤں جیسے ہیں کہ انہیں جیسے بھی موڑ لو ویسے ہی مڑ جاتے ہیں.... یوں تو بچوں کی Caring تمام ہی بے بی کیئر سینٹرز میں ہوتی ہے پر بی بی کے یہاں بات اس سے بڑھ کر تھی۔ ہر بار ہی بچوں کی Handling اور

Changing پر کاغذ کی نئی لمبی شیٹ زمیزوں پر بچھائی جاتی اور بلاناغہ کمروں میں خوشبو کا اسپرے ہوتا، باورچی خانہ میں گرم پانی کی بوتلیں اور صفائی کے لیے جراثیم کش دواؤں کا استعمال پھر Nursing اور Feeding کے لیے علیحدہ پرسکون کمرے، بڑی عمر کے بچوں کے لیے ویڈیو گیمز اور ڈھیروں کھلونے.... کیا نہیں تھا اور تو اور بی بی سب بچوں کو فارغ وقتوں میں کہانیاں، لطیفے اور اگر سمجھنے کے لائق ہوں تو دانش مندی کی باتیں بھی سکھاتیں۔ اتنا سب کچھ کس بے بی کیئر سینٹر میں ملتا ہے..... یہ سینٹر کی مقبولیت کے بڑھنے کا نتیجہ ہی تھا جو کل تک گنتی کے آٹھ بچوں کا گروپ تھا راتوں رات ۸۰ کے گروپ میں بدل گیا.... ادھر بی بی کی اکیلی جان، انتظامی صلاحیتوں سے انہیں کب انکار تھا مگر کام کی زیادتی کبھی کبھار اس قدر ہوتی کہ رات بی بی سونے لیٹتیں تو بدن درد سے چور چور ہونے لگتا۔ خود کا اندھا اعتماد انہیں مزید Attendents کو Hire کرنے میں آڑے آتا۔ آخر ایک دن بی بی نے ایک اچھوتا فیصلہ کیا کہ کیوں نہ ان ۸۰ بچوں کو کنٹرول میں رکھنے کے لیے چار سے چھ ذرا بڑی عمر کے سمجھدار بچوں کو چن لیا جائے جو مسلسل باقی بچوں کی تربیت پہ نظر رکھیں.... یہاں بھی بی بی کی ذہانت کام آئی۔ انہوں نے اس کام کے لیے بچے وہ چنے جو بڑے ہی باادب اور شروع سے معزز تھے، پہلے سارا پچھلا ریکارڈ چیک کیا، کہیں کوئی شیطانی یا شرارت، نافرمانی یا حکم عدولی.... اور جب ہر ایک بات سے اچھی طرح مطمئن ہوگئیں تو پپو، گڈو، منو، چنو اور دونوں ننھوں کے حوالے سب بچوں کو کر دیا۔ یوں بھی وہ ایک لحاظ سے اپنی کی گئی تربیت کا نتیجہ دیکھنا چاہتی تھیں۔ ابتدا میں تو نتائج امید سے بھی بڑھ کر نکلے۔ تربیت یافتہ بچوں نے خود پر کیے گئے اعتماد کو ثابت کرنے کی پوری دل و جان سے کوشش کی۔ سارے ہی ڈے کیئر سینٹر کا ماحول تہذیب وتمدن کا اعلیٰ نمونہ بنتا چلا گیا۔ بی بی بہت خوش تھیں، اس قدر خوش کہ پوچھیں نا.... انہیں رہ رہ کر اپنی کی گئی تربیت پہ ناز ہوتا تھا کہ اچانک.... بی بی کا صحیح

امتحان ہو گیا.... وہ ڈے کیئر میں آنے والے کچھ نئے بچے تھے گنتی کے شاید چھ تھے یا سات، عمر اور قد کاٹھ تو وہی تھا پر آنکھیں .... ہاں آنکھیں الگ تھیں۔ ایک عجیب سی شرارت تھی یا مسکراہٹ تھی .... کچھ تھا ان بچوں کی آنکھوں میں جو شاید اور بچوں میں ناپید تھا.... ایک گمنام سا پیغام، ایک ان کہا انداز..... کچھ تھا، کچھ ایسا کہ جن کا لفظوں میں بیان ممکن نہیں .... یہ بچے زور سے ہنستے تھے، کبھی کبھی تو اتنا کہ ان کی آنکھوں سے پانی تک نکل آتا مگر وہ ہنستے ہی رہتے، وہ ایک دوسرے کے پیچھے اندھا دھند بھاگتے تھے، کھیلتے کھیلتے تھکتے نہ تھے، ایک دوسرے کو منہ چڑاتے، کبھی کپڑے کھینچتے۔ ان کا بس نہیں چلتا تھا کہ وہ بی بی کے غصہ پر بھی اٹھلا اٹھلا کر آنکھیں چلاتے.... بی بی کو پتہ بھی نہ چلا اور راتوں رات بے بی کیئر سینٹر کا ڈرا سہا تہذیب یافتہ ماحول زندگی کی چمکتی دمکتی مسکراتی فضاؤں میں جھومنے لگا.... بی بی کو اچانک یوں لگا کہ جیسے انکا تیرہ سالوں کا سیکھا ہوا سبق محض چند دنوں میں ہی اپنے سارے معنی کھو چکا ہے....اور پھر وہ دن آیا جب بی بی صبح سویرے بارش میں بھیگتے ہوئے خود پہ اندر ہی اندر ناراض، سینٹر کے بڑے گیٹ سے داخل ہوئیں، تو وہ کیا دیکھتی ہیں کہ بے بی کیئر سینٹر کے سارے ہی بچے کھلونے ہاتھوں میں لیے ایک دوسرے کے پیچھے پیچھے دوڑ رہے ہیں....زور زور سے ہنس رہے ہیں، چیخ رہے ہیں مگر دوسری طرف وہ بی بی کے چنے ہوئے چھ تہذیب و تربیت یافتہ سمجھدار بچے پپو، گڈو، منو، چنو اور دونوں نھو اس مشکل وقت میں ایک دوسرے کے پیچھے چھپے کھڑے ہیں... بی بی سمجھدار تھیں چند ہی لمحوں میں انہیں کئی سالوں کا نہ سمجھ میں آنے والا سبق سمجھ میں آ گیا، یہی نہیں بلکہ انہوں نے اپنے چھ تہذیب یافتہ سمجھدار بچوں کو بھی یہ بات دھیرے سے سمجھائی کہ.... بے جا پابندیاں نشو ونما کی راہ میں رکاوٹ ہی ہوا کرتی ہیں.... پھولوں کو کھلنے کے لیے تازہ اور آزاد ہوا ہی کی ضرورت ہوتی ہے۔

بنا پینیدے کے لوٹے

نہ جانے رخسانہ نے گھر سے نکلتے وقت ہینڈ کیری میں لوٹا رکھا تھا یا نہیں، اسے بے چینی ہونے لگی پاکستان سے امریکا، اٹھارہ گھنٹے کا سفر، جب بھی پی آئی اے-اسے سفر کرو کچھ ہوتا ہی ہے اس نے آہستہ آہستہ اپنے پیٹ پہ ہاتھ پھیرنا شروع کیا جیسے آنتوں کو سلانے کی کوشش کر رہا ہو مگر آنتوں نے تو جیسے آج دوڑنے کی قسم کھا رکھی تھی۔ مروڑیں تھیں کہ رکنے کا نام ہی نہیں لے رہی تھیں۔ اسے لگا کہ اگر وہ کچھ دیر اور رکا تو پورا جہاز بھینی بھینی خوشبو سے مہک اٹھے گا۔ برابر والی سیٹ پر بیٹھی برقعے والی اماں نے جب اسے ایک بار اور کسمساتے دیکھا تو چپ چاپ اٹھ کر درمیانی قطار کی کونے والی خاتون سے کھڑے ہو کر باتیں بنانے لگیں، نہ جانے کیوں ایک لمحے کے لیے اسے ایسا لگا جیسے وہ صرف باتیں ہی نہیں بنا رہیں بلکہ دبے ہونٹوں اس کی طرف دیکھ دیکھ کر مسکرا بھی رہی ہیں۔ آہ! مگر یہ وقت لوگوں کے چہرے کے تاثرات پڑھنے کا نہیں ہے بلکہ کچھ کرنے کا ہے، اس نے سوچا۔ اس نے آناً فاناً کیبنٹ کا ڈھکن کھول کر اپنا ہینڈ کیری ڈھونڈنا شروع کیا، کیبنٹ میں تو سامان جیسے ابل رہا تھا، لگتا تھا جیسے ہر مسافر اپنے جہیز کا سامان لے کر گھر سے نکلا ہے، کوفت کے مارے اس کا برا حال تھا۔ بے چینی سے وہ کبھی ایک پاؤں پر کھڑا ہوتا اور کبھی دوسرے پر۔ بالآخر اس کا ہاتھ لوٹے کے منہ سے ٹکرا ہی گیا، اس نے کھینچ کر لوٹے کو ہینڈ کیری سے نکالا اور بنا کیبنٹ کا

ڈھکن بند کیے باتھ روم کی طرف دوڑ لگا دی۔ اچانک اسے لگا جیسے تیز چلنے سے اس کی آنتوں کی حرکت بھی تیز ہوتی جا رہی ہے اس خیال کے آتے ہی اسے پیٹ میں مروڑ کا ایک شدید احساس ہوا اور وہ جیسے وہیں کا وہیں جم سا گیا اور مروڑ کے جانے کا انتظار کرنے لگا، کچھ وقفے کے بعد اس نے جہاز کے فرش پہ یوں چلنا شروع کیا جیسے وہ کانچ کا بنا ہو۔ سارا جہاز شدید مجلسی قسم کے لوگوں سے بھرا ہوا تھا، مسافر کچھ اس طرح سے آپس میں باتیں کر رہے تھے جیسے برسوں کے بچھڑے دوست اچانک جہاز میں مل گئے ہوں۔ بچوں کی چیخ و پکار، رونا چلانا، عورتوں کا غصہ اٹھلانا، نخروں سے ایک دوسرے سے باتیں بنانا۔ عجیب عالم تھا ہر شخص جیسے تمام سیاسی، سماجی مذہبی مسائل حل کرنے میں مگن تھا، بھانت بھانت کے لوگ جمع تھے، فلائٹ تھی یا بکرا پیڑی، ہر ایک اپنی اپنی ہانک رہا تھا۔ اس کے ارمانوں پہ اس وقت اوس پڑی جب اس نے دیکھا کہ آخری سیٹ کے ایک مسافر، بیچ راستے میں کچھ اس طرح جائے نماز بچھا کر رکوع میں گئے ہوئے تھے کہ باتھ روم کے دروازے تک پہنچنا تقریباً ناممکن ہو گیا تھا۔ اس نے دوسرے باتھ روم کی طرف نظر دوڑائی تو وہاں پہلے ہی چار حضرات لائن میں کھڑے اپنی اپنی باری کا انتظار کر رہے تھے۔ اف خدایا........اس نے آنکھیں بند کیں اور قریب کی سیٹ کا سہارا لے کر ایک پاؤں سے دوسرا پاؤں دبا کر اندر ہی اندر اپنی سی کوشش شروع کر دی جہاں مروڑ میں کمی آ رہی تھی۔ اس نے حسرت بھری نگاہوں سے نماز پڑھنے والے مسافر کو دیکھا اور دل ہی دل میں اس کے سجدے گننے لگا۔ جہاز میں بیٹھے لوگوں کی آوازیں جہاز کی رفتار سے زیادہ تیز تھیں۔ نماز پڑھنے والے مسافر کے برابر کی سیٹ والی خاتون اگلی سیٹ والی خاتون سے کہہ رہی تھیں 'بہن ہمارے میاں تو ہر سال تبلیغ کے لیے 'امریکا' جاتے ہیں، اس بار بھی' اس نے اکتا کر دوسری طرف دیکھا، کالے سوٹ میں ملبوس باریک فریم کی عینک لگائے ہوئے صاحب نے قریب

بیٹھے ہوئے کلف لگے کرتا شلوار پہنے صاحب کو، جو اچھے خاصے کسی خیمے کا روپ دھارے ہوئے تھے، انگلی نچا کر کہا 'نہیں صاحب، میں تو اس فنگر پرنٹنگ اور رجسٹریشنس سے تنگ ہوں، اچھا خاصا مجرم بنا دیا ہے کم بختوں نے، بے عزتی کی حد ہے تیس سال پہلے امریکا آیا تھا، خالی ہاتھ خالی جیب، آج اللہ کا فضل ہے تین گیس اسٹیشن ہیں انشاء اللہ اس سال ڈنکن ڈونٹ کا پروگرام ہے، دو بار بینک کرپسی فائل کر چکا ہوں، اچھا لائیر ہو تو سب کام بن جاتے ہیں۔ بے شک، بے شک، خیمے والے صاحب نے کہا 'یہ امریکا کا ویزا آج کل کتنے میں لگ جاتا ہے، پیچھے سے ایک آواز سنائی۔ ارے صاحب بھتیجے کو پچھلے سال اسپانسر کیا تھا، بڑی مشکل سے اندر سے نکالا تھا، یہ سیاسی چکر، آپ تو جانتے ہی ہیں، بڑی رقم کھلانی پڑ گئی، اب گرین کارڈ لڑکی ڈھونڈ رہا ہوں، اچھے خاندان آج کل آسانی سے ملتے ہی کہاں ہیں، کسی صاحب نے جواب دیا، اس نے نظر گھما کر دیکھنا چاہا مگر اسے لگا جیسے پیچھے دیکھنے سے اس کی مروڑیں پھر سے جاگ جائیں گی۔ 'اماں حج پہ گئی تھیں، اُی این ایس والے کہتے تھے، ڈاکٹروں کو ٹریننگ کے بعد دو سال واپس ملک میں کام کرنا پڑتا ہے، مگر اللہ کا شکر ہے کام بن گیا۔ ابھی نیو جرسی کے کسی گاؤں میں ہیں، پھر شہر آ جائیں گے۔ آپ تو جانتی ہی ہیں، پاکستان گئے تو سمجھو جیسے بھینس گئی پانی میں۔ اس کے کانوں میں ہنسی کی آوازیں گونجنے لگی۔ اس نے حسرت بھری نظروں سے نماز پڑھنے والے صاحب کو دیکھا، 'یا اللہ یہ آخری سجدہ ہو، وہ گڑگڑانے لگا۔ 'تو آپ آج کل مجلسوں میں جاتی ہیں' سامنے بیٹھی خاتون نے اپنی پڑوسن سے پوچھا، 'ہاں بہن، کیا کریں اگر اس ملک میں رہے تو دین کے نہ ایمان کے، آخر بچوں کو بھی تو ان نگوڑ ماروں کے سائے سے بچانا ہے'، ارے باپ...... اس کی مروڑیں پھر سے تیز ہونے لگی، اس نے ملتجیانہ نظروں سے نمازی صاحب کو دیکھا، اچانک جیسے اس کی دعا قبول ہوگئی اور وہ سلام پھیرنے لگے۔ اس نے آؤ دیکھا نہ تاؤ،

ایک چھلانگ مار کر سیدھا باتھ روم کے اندر پہنچا۔ دروازے کو بند کر کے جونہی اس نے لوٹے کو پانی سے بھرا۔ اوہ میرے خدایا...... یہ کیا، رخسانہ نے بنا پیندے کا لوٹا میرے ساتھ دے دیا، مارے برداشت کے اس کا برا حال تھا۔ بنا کچھ اور سوچے وہ ٹشو پیپر کا گولا بنانے لگا اور کموڈ پہ بیٹھ گیا۔ اچانک ایک سکون کی لہر اس کے جسم میں دوڑنے لگی۔ اس نے آنکھیں بند کی اور باتھ روم کی دیوار سے ٹیک لگا دی، کچھ ہی دیر میں اس کے کانوں میں باہر سنی ہوئی آوازیں گونجنے لگیں اور وہ آہستہ سے بڑبڑایا 'بنا پیندے کے لوٹے'۔

اندھا فرشتہ

محبت....بس امر بیل کی طرح ہوتی ہے۔ کبھی دھیمے سے دل کی منڈیروں پر چڑھ جاتی ہے تو کبھی چپکے سے کواڑوں میں الجھ جاتی ہے۔ کبھی چاندنی راتوں میں چاند سے شرما جاتی ہے تو کبھی شبنم کے قطروں کی طرح پتیوں کے دل میں سمٹ جاتی ہے۔

محبت....بس تتلیوں کے رنگوں کی طرح ہوتی ہے۔ کبھی بنفشی تو کبھی سرمئی، کبھی عنابی تو کبھی زعفرانی....جیسے پھولوں کے بوسوں سے تتلیوں کے کنوارے بدن پر سہاگن کے رنگوں کی طرح۔

اور نہیں تو پھر محبت...کسی حسین مورنی کی طرح ہوتی ہے جیسے خانم بیگم کی محبت، چاندی کے پازیب باندھے چھن چھنا چھن قاسم میاں کے دل کے نہاں خانوں میں ناچ رہی تھی۔

مگر جسم کیا جانے تتلیوں کے کیا خواب ہوتے ہیں؟ ست رنگی کرنوں میں چھپے ہوئے کون سے آفتاب ہوتے ہیں؟ تو خانم بیگم کی بنجر زمین میں بھی پھول کھل نہ سکے اور لمس، جنس کی لذت سے آشنا ہو کر بھی تتلیوں کے خواب بن نہ سکے....خانم بیگم اجڑی کوکھ کے غم میں ساری عمر اشکبار ہی رہیں مگر قاسم میاں اپنے دل کے آبگینوں میں ان کی محبت کی چاندنی میں سرشار رہے۔

مگر جسموں کی تو عمر ہوا کرتی ہے۔ وہ کب محبت کی طرح وقت کے پنجرے

سے آزاد ہوتے ہیں؟ تو پھر وقت چپکے چپکے گزرتا رہا اور قاسم میاں کے بالوں میں سفیدی اور خانم بیگم کی آنکھوں میں اداسی بھرتا رہا۔ بالآخر ایک رات ایسی آندھی چلی کہ قاسم میاں کے دل کے چراغ بجھتے چلے گئے اور پھر وہ سیاہ رات آئی کہ اس گھپ اندھیرے سے چاند سورج بھی پناہ مانگنے لگے۔

خانم بیگم کو اچانک دل کا دورہ پڑا اور وہ خالق حقیقی سے جا لیں۔ کچھ دنوں تک تو قاسم میاں بے بس نگاہوں سے زمین کو تکتے رہے اور جب کوئی جواب نہ ملا تو آسمان کو دیکھ کر بلک بلک کر رو دیے۔ غم اشک بن جائے تو دوا ہو جاتا ہے اور اگر درد بن جائے تو سوا ہو جاتا ہے۔

قاسم میاں خانم بیگم کی یاد میں ایسے روئے کہ اپنی بینائی ہی کھو بیٹھے۔

عزیز و اقارب قاسم میاں سے منت سماجت کرتے تھے۔ انہیں اپنے ساتھ رہنے پر راضی کرتے تھے مگر قاسم میاں اپنے گھر کی دیواروں سے جڑے بیٹھے تھے۔ بالآخر عزیز و اقارب نے تنگ آ کر انہیں ان کے حال پر چھوڑ دیا۔

اب خالی گھر میں قاسم میاں دیواروں سے باتیں کرتے تھے۔ کبھی زمین تو کبھی آسمان سے باتیں کرتے تھے۔ بس ایک ہی آرزو میں جیتے تھے کہ کبھی خانم بیگم ان کے پاس آئے گی اور وہ ان کے دکھڑے اپنے آنسوؤں سے دھوئیں گے۔

تو ایک رات وہ محبت کے مارے نابینا بوڑھے کے خواب میں آ ہی گئیں۔

اماوس کی اس رات میں جب چاند بادلوں کی اوٹ میں تھا، قاسم میاں کے دل کے نہاں خانوں میں محبت کی چاندنی پھیلی ہوئی تھی۔ محبت.... وہ کب وقت کی محتاج ہوتی ہے۔ وہ لمحے بھر میں دل کی منڈیروں اور کواڑوں پر امر بیل کی طرح پھیل جاتی ہے۔ خانم بیگم نے پیار سے اپنے ہونٹوں کو قاسم میاں کے اشکوں سے نم کر لیا اور ان کی نابینا آنکھوں کو محبت سے چوم لیا پھر دھیمے سے کہنے لگیں.... دیکھو نا! مجھے دیکھنے کے

لیے تو تمھیں بینائی نہیں چاہیے...اور سنو جی تمھیں پتہ ہے نا؟
وہاں ساری حوریں بانجھ ہیں.....میری طرح
اور سارے فرشتے خدا کی محبت میں اندھے ہیں....تمہاری طرح۔

میوٹیشن (Mutation)

کوئی کچھ بھی کہے مگر سچ تو یہی تھا کہ اس میں علی بخش کا کچھ بھی قصور نہیں تھا وہ تو اور مردوں کی طرح اپنے باپ کے y کروموسوم اور ماں کے x کروموسوم سے مل کر ہی بنا تھا۔ خلیوں کی تقسیم بھی درست تھی اور نیوکلیس کے ملاپ بھی۔ جینز Genes کی ترتیب بھی سہی تھی اور الیلز Alleles کی ساخت بھی۔ بس کوئی آوارہ کوانزائیم Co-Enzyme تھا جو عین وقت پر میٹابولزم Metabolism میں حصہ نہ لے سکا اور بنا آواز کے اپنے ارتقاء سے ہی خارج Delete ہو گیا اور علی بخش کے سیکس ہارمونز کے رسپٹرز Receptors کی شکل بدل گیا۔ اس قیامت کا نہ تو علی بخش کو ہی پتہ چلا اور نہ ہی اس کے باپ مولوی کریم بخش کو۔

پھر محلے میں علی بخش کی پیدائش پر خوب ہی لڈو بٹے، کان میں اذان ہوئی اور پھر رسم مسلمانی۔ مولوی کریم بخش نے دونوں ہاتھ جوڑ کر خداوند کریم سے رحمتوں کی گڑگڑا کر بھیک مانگی اور پوری عاجزی سے اپنے پیارے بیٹے کو دین کی بھلائی اور خلق خدائی کی خدمت کے لیے وقف کرنے کی ٹھانی۔ دن مہینوں میں اور مہینے سالوں میں بدلے۔ مولوی کریم بخش نے بیٹے کی تربیت میں کوئی بھی کسر نہ چھوڑی۔ پاکیزہ مذہبی ماحول اور اعلیٰ مشرقی تربیت کے اثرات علی بخش کے جملہ کردار میں جھلکتے تھے۔ کردار کے اثرات چہرے مہرے پر بھی جیسے چاند سورج بن کر چمکتے تھے۔ ابھی وہ گیارہ سال

ہی کے تھے کہ قرآن پاک حفظ کرلیا اور پھر تبلیغ الٰہی کہ اسرار و رموز سے واقفیت کی غرض سے کبھی باپ کے ساتھ اور کبھی ان کے رفقاء کار کے دامن کو تھام کر دور دراز کے شہروں اور گاؤں کے چکر لگانے لگے۔ دیکھتے ہی دیکھتے ارد گرد کے ماحول اور تربیت نے کچھ ایسا رنگ جمایا کہ تحریر و تقریر میں بلاغت آتی چلی گئی۔ الفاظ بے تکان لبوں سے نکلتے اور اثرات اس قدر جذباتی شدت اور مذہبی حدت سے بھرے ہوتے کہ سننے والوں پر رقت سی طاری ہو جاتی، دیکھتے ہی دیکھتے ان کے دل تصورِ وحدانیت سے مغلوب ہو جاتے، آنکھیں عشق رسول سے نم ہو جاتیں اور سر رکوع میں خم ہو جاتے۔ جب جب رفقائے کرام نجی محفلوں میں کم عمر بیٹے کی امامت و بلاغت کا تذکرہ مولوی کریم بخش سے کرتے تو ان کی پیشانی خداوند پاک کی بارگاہ میں شکرانے کے لیے سجدہ ریز ہو جاتی اور گڑگڑا کر اس کی رحمتوں پر شکر گزار ہو جاتی۔ یوں دیکھتے ہی دیکھتے علی بخش کا بچپن جوانی کی دہلیز کو چھونے لگا اور پھر ایک رات ان کے قد و کاٹھ نے جوانی کی جو بھرپور انگڑائی لی تو جیسے ادھ موئی کلیوں میں ٹوٹ کر بہار آ گئی۔ اگلی صبح علی بخش حیران نگاہوں سے اپنے بدلتے بدن کے زاویوں کو خلوصِ دل سے تک رہے تھے۔ فجر کی اذان میں ان کی آواز میں وہ کرب تھا کہ کچھ لمحوں کے لیے تو نمازی خداوند کریم سے خود اپنی آوازوں کے لیے بھی کچھ ایسے ہی لطف و کرم کی فریاد کرنے لگے۔

ظہر اور عصر کی نماز علی بخش نے گھر پر ہی ادا کی۔ مولوی کریم بخش نے حیران نگاہوں سے بیٹے کو دیکھا تو باپ سے نظریں بچا کر اپنی زندگی کا پہلا جھوٹ کہا اور طبیعت کی ناسازی کا بہانہ کیا۔ آہستہ آہستہ محفلوں اور مذاکروں میں شرکت کم ہونے لگی اگر مجبوراً آنا بھی پڑتا تو آخری قطار میں بیٹھ جاتے اور پھر جلد ہی نظریں بچا کر نکل جاتے۔ خود کو محض اپنے کمرے تک محدود کرنے لگے اپنا زیادہ وقت قرآن شریف کی تلاوت میں گزارتے اور نہیں تو ایک انجانے خوف میں مبتلا رہتے اور چپ چاپ

آسمان کو تکتے رہتے۔

پھر کچھ ہی دنوں میں نہ چاہتے ہوئے بھی علی بخش کی چال نسوانی ہوتی چلی گئی اور جسم بے ادبی کی حد تک لباس سے نمایاں ہونے لگا۔ مولوی کریم بخش نے بیٹے کے جسم کے بدلتے ہوئے تیور دیکھے تو آنکھیں حیرانی سے پھٹی کی پھٹی رہ گئیں اور شرم سے زمین میں گڑتی چلی گئیں۔ بہت دنوں تک گفتگو میں دوری برداشت نہ ہوئی اور بالآخر ایک روز بیٹے کے کمرے میں آئے اور پھوٹ پھوٹ کر رونے لگے۔ آخر بہت صبر و تحمل کے بعد ایک جملہ ادا کیا 'وہ بڑا رب الجلیل ہے اس کے ہر کام میں مصلحت چھپی ہوتی ہے، مگر کیا تم نے حکیم و طبیب سے بھی کچھ دریافت کیا؟' علی بخش باپ کے سوال پر شرم کے مارے زمین میں گڑ گئے اور پھر ان سے نظریں ملائے بغیر ہی زمین کو تکتے ہوئے کہنے لگے۔ 'جی ڈاکٹرز کہتے ہیں پیدائش سے قبل ہی خلیوں کی تقسیم میں کچھ بگاڑ پیدا ہو گیا تھا، کوئی چیز شائد میوٹیشن Mutation ہوتی ہے، اسی کی وجہ سے اور اب علاج ممکن نہیں'' یہ کہہ کر باپ کے پیروں سے لپٹ کر پھوٹ پھوٹ کر رونے لگے اور سسک سسک کر کہنے لگے۔ 'ابا جی! اب میں کیا کروں؟ اب کیسے لوگوں سے نظریں ملاؤں؟ کیسے عبادت کے لیے گھر سے نکلوں؟ مجھ سے سہا نہیں جاتا، خودکشی حرام نہ ہوتی تو کب کا جان دے چکا ہوتا' باپ نے روتی سرخ خشمگیں سے بیٹے کو دیکھا اور آہستہ سے کہا۔ 'بیٹے اب شائد تمہارے لیے تبلیغ الٰہی اور امامت مسلمہ کے تمام در بند ہو گئے ہیں، عوام الناس تمہاری بلاغت کو سنجیدگی سے نہیں لیں گے مگر ہاں، ایک دروازہ شائد ابھی بھی کھلا ہوا ہے، مراقبہ.... کہتے ہیں کہ یہ سکون کا ذریعہ ہے' یہ کہہ کر مولوی کریم بخش نے روتے ہوئے بیٹے کے کمرے کا دروازہ بند کیا اور آنسو پوچھتے ہوئے مسجد چلے گئے۔

لفظ ''میوٹیشن'' کسی چمگادڑ کی طرح علی بخش کے دماغ سے چپک گیا تھا۔ وہ

جب جب آنکھیں بند کرتے اور مراقبے میں جانے کی ٹھانتے تو بہت سی چمگادڑیں ان کے خیالوں میں اتر آتیں اور پھر چاروں جانب سے انہیں گھیر لیتیں۔ کبھی کبھی تو یہ یلغار اس قدر شدید ہو جاتی کہ وہ گھبرا کر آنکھیں کھول دیتے اور پھر گہری گہری سانس لیتے۔ انہیں لگتا جیسے سچ مچ کی چمگادڑیں ان کے بدن پر چپک گئی ہیں اور ان کی بوٹیاں نوچ رہی ہیں۔

بالآخر آہستہ آہستہ مراقبے میں وقت بڑھنے لگا۔ چمگادڑیں تو اب بھی نظر آتی تھیں مگر اب ان کی شکلیں بدلنے لگی تھیں۔ اب کبھی کبھی وہ جو مراقبے کی نیت سے آنکھیں بند کرتے تو کینسر اور پولیو کے ادھ مرے مریض اور بچے نظر آنے لگتے جو کیڑے مکوڑوں کی طرح زمین پر رینگتے ہوتے اور ان کے جسموں پر کہیں کہیں چمگادڑیں چپٹی ہوئی انہیں چاٹ رہی ہوتیں۔ کبھی کبھار جو آنکھیں بند ہوتیں تو انہیں سرسبز و شاداب میدانوں میں بنجر زمینیں نظر آنے لگتیں جن سے لپٹی ہوئی چمگادڑیں زمین کا رس چوس رہی ہوتیں اور کبھی جو آنکھیں بند کرتے تو خیالوں میں طوفانوں کے جھکڑ اور زلزلوں سے ہلتی ہوئی زمین نظر آنے لگتی، جیسے بہت سی چمگادڑیں زمین میں دانت گاڑ کر اسے ہلا رہی ہوتیں اور جب وہ بالکل ہی خالی الذہن ہو جاتے تو اچانک بہت سارے ہجڑے انہیں ایک ساتھ روتے اور بین کرتے دکھائی دیتے اور انہیں ایسا لگتا جیسے چمگادڑیں ان کے بدن پر چپکی ہوئی ان کا خون چوس رہی ہوں۔ شائد ہی کوئی ایسا مراقبہ ہوتا جو ان کو سکون بخشتا۔ ہر بار ہی ان کی روح زخمی ہوتی، ہر بار ہی انہیں دم گھٹتا ہوا محسوس ہوتا۔

آخر کار ایک رات تھک ہار کر مراقبے کا خیال چھوڑنے کا ارادہ کر لیا اور ایک آخری مراقبے کی نیت سے جائے نماز پر بیٹھے۔ پہلے قرآن شریف کی تلاوت کی اور پھر آنکھیں بند کر کے پوری یکسوئی سے اپنے رب الجلیل کو یاد کرنے لگے۔ اچانک آنکھوں سے آنسو رواں ہونے لگے اور وہ روتے روتے سسکیاں بھرنے لگے اور پھر

خود کے جسمانی کرب کے بجائے ساری دنیا کے روحانی کرب کو یاد کرنے لگے۔ اچانک انہیں لگا کہ جیسے ان کے جسم اور روح کا رشتہ کچھ لمحوں کے لیے ٹوٹ سا گیا ہو اور پھر ان کی روح جیسے کائنات کے چاروں اور پھیلے ہوئے آسمانی رنگوں میں تحلیل ہونے لگی۔ کچھ ہی دیر میں ان کی نظروں نے ایک عجیب ہی منظر دیکھا جیسے بہت سارے ستارے اور سیارے ان کے گرد ناچ رہے ہیں۔ وہ ایک دوسرے کے قریب آتے، آپس میں ملتے اور دور ہو جاتے۔ نئے ستاروں کی تقسیم ہوتی چلی جاتی اور کہکشاں نت نئے خوشنما رنگوں سے سجتی چلی جاتی۔ پھر سیارے تقسیم ہونے لگتے اور ان کے نیوکلس آپس میں جڑتے چلے جاتے اور پھر نئی ترتیب بنتی اور پھر روشنی کے جھماکے ہوتے اور نئی نئی ساخت کے سیارے بنتے چلے جاتے۔ اچانک علی بخش کو لگا جیسے کوئی آوارہ عنصر Element اپنی تبدیلیوں میں حصہ نہ لے سکا اور بنا آواز کے اپنے ارتقائی عمل سے خارج Delete ہو گیا۔ علی بخش کو یوں لگا جیسے وہ سیارہ روشن ہوتے ہوتے اچانک تاریکی میں ڈوبتا چلا گیا اور پھر اس تاریک سیارے سے سیاہی روشن کرنوں کی طرح پھوٹنے لگی اور اس شدت سے چاروں طرف پھیلی کہ لمحے بھر کے لیے علی بخش کو سوائے تاریکی کے کچھ نہ نظر آیا اور پھر..... کچھ چمگادڑوں کے پروں کے پھڑ پھڑانے کی آوازیں گونجنے لگی۔ پسینے سے شرابور علی بخش نے ڈوبتے ہوئے دل کے ساتھ گھبرا کر آنکھیں کھول دی۔ دور چھت کے اک کونے میں ایک چمگاڈر الٹی لٹکی ہوئی اپنے پروں کو پھڑ پھڑا کر چیکنے کی کوشش کر رہی تھی۔

علی بخش نے اپنی بے چین دھڑکنوں پر قابو پایا اور آہستہ سے اٹھنے کی کوشش کی مگر لڑکھڑا کر دوبارہ جائے نماز پر بیٹھ گئے اور پھر سجدے میں گر گئے اور روتے ہوئے بڑبڑانے لگے..... تو کیا..... تو کیا رب الکریم یہ زمین بھی؟ کائنات میں میوٹیشن کا نتیجہ ہی ہے؟

Mutation: The way in which genes change and produce permanent differences.

Gene: A part of tha DNA in a cell which contains information in a special pattern received by each animal or plant from its parents and which controls its physical development, behaviour, etc.

Allele: One member of a pair of series of genes that occupy a spacific position on a specific chromosome.

DNA (Deoxyribonucleic acid): The chemical of cell holds the genetic code of life.

گدھ

'لے جا.....تا جا مال ہے۔ ایک ایک بوٹی مزے دار.....کراری اور خستہ.....دیکھ پٹ دیکھ .....ہے نا سلگتا ہوا پٹاخہ.....سینہ دیکھ.....دانتوں میں پھنس جائے ماں قسم ایسی بوٹیاں ہیں.....سو بوریوں میں ایک دانہ ایسا چوکس مل جائے۔ اچھا.....تو ہی بول کیا دے گا۔ کیا کہا.....سالے چھچھڑے خریدنے آیا ہے کیا.....چل نکل یہاں سے.....' رجو بائی نے گاہک کو ماں کی گالی دی اور بالا خانہ کا دروازہ ایسے زور سے بند کیا کہ چوکھٹ پر بجنے والی آواز گاہک کے کانوں میں دیر تک گونجتی رہی۔

رجو بائی چمن آباد میں پچھلے بائیس سال سے عورتوں کا دھندہ کر رہی تھی۔ کتنے ہی بردہ فروش اس کے سامنے لنگوٹ کس کر اترے مگر مجال ہے جو کسی بھی پہلوان کے سامنے اس کی سانس ٹوٹی ہو۔ اس کا مال ہمیشہ دھلے ہوئے آلوؤں کی طرح بوری سے چم چم چمکتا ہوا اس طرح سے نکلتا کہ گاہک کے منہ سے کلی کلی پانی چھلکنے لگتا۔ ایسا میٹھا اور رس بھری شکر قند جیسا مال کہ ذرا سے ابال سے ہی گاہک کی سوکھی مری انتڑیوں میں بھی جیسے آگ دہک جاتی اور جو اگر ایک آدھ آلو سڑا گلا نکلتا بھی تو مجال ہے رجو بائی گاہک کے سامنے بھی اسے لاتی۔ وہ تو بس اسے اپنی ہی تقدیر کا کھوٹا مال سمجھ کر یا تو یتیم بے سہارا عورتوں کے کسی بھی دارالامان میں پھینک آتی یا پھر اوپر کے کاموں کے لیے بالا خانے میں ہی روک لیتی۔ رجو بائی دھندا کرنے بیٹھی تھی وہ تو ایک ہی نظر میں گاہک

کی آنکھوں سے ٹپکتی بھوک سے اس کی جیب کے بھرے ہوئے پیٹ کا اندازہ لگا لیتی تھی مگر پھر بھی جو کبھی اس کی نظر چوکتی اور کوئی سڑے ہوئے مال کی طرح کا گاہک بالا خانے پر منڈلاتا تو پھر وہی ہوتا....ایک ماں کی گالی زور سے گونجتی اور پھر چوکھٹ پر دروازہ بجتا۔

اس لڑکی کا نام لاجی تھا۔ پٹھان کوٹ کی تھی۔ گال قندھاری سیب اور ہونٹ لال انگور جیسے تھے۔ چال جنگلی ہرنی جیسی، محلے بھر میں قلانچے بھرتی پھرتی تھی۔ جوانی سولہ سال چھوئے بغیر ہی کسی بپھرے ہوئے بھینسے کی طرح رسیاں تڑوا کر لڑنے مارنے کو سینگیں اچھالتی تھی مگر لاجی صرف لڑکی تو نہیں تھی وہ ایک دہکتی ہوئی آگ تھی جس کی آنچ سے بھیگی ہوئی لکڑیوں میں بھی دھواں اٹھنے لگتا تھا اور پھر لاجی کی کجراری آنکھیں ....ایسی آنکھیں.... جو نہ صرف دیکھتی تھیں بلکہ بولتی بھی تھیں.... دھلی دھلی شفاف آنکھیں .... جو دیکھنے والوں کے دل کا سارا حال چپکے سے انہیں کہہ ڈالتی تھیں.... بلوری بلوری چمکتی ہوئی آنکھیں.... جو دیکھنے والوں کے عکس کو اس پیار سے اپنے آپ میں سمو لیتی کہ کچھ دیر کے لیے تو ان کے دل کی دھڑکن ہی تھم جاتی اور پھر وہ خود کو اس کی جھیل جیسی آنکھوں میں ڈوبتا پا کر شرما شرما جاتے۔ ایسے میں لاجی خوب ہی کھلکھلا کر ہنستی اور اس کی سریلی آواز پہاڑوں پر گرتے جھرنے کی طرح ایسے سریلے نغمے بن کر گنگناتی کہ مسافر بھی گھروں کے راستے بھولنے لگتے۔

پھر نہ جانے کیسے کب ہوا۔ بس آنکھ کھلی تو لاجی رجو بائی کے بالا خانے پر پڑی سسک رہی تھی۔ زبان گنگ، چہرہ فق اور آنسو جیسے ساون کی جھڑی کی طرح اس کے گالوں کو دھو رہے تھے۔ رجو بائی سامنے کھڑی ہوئی اس کو للچائی نظروں سے تک رہی تھی 'ہائے یہ تو ریشم جیسا مال ہے رے' رجو بائی منہ میں پانی بھر کر بولی۔ پھر منہ بولی رقم دلال کو تھما کر اس کو چلتا کیا اور دروازہ بند کر کے لاجی کے سامنے اکھڑوں ہی بیٹھ گئی۔

'اے یہ تو پورا سونے کا لڈو ہے۔' گاہکوں کے لیے جیسے چکن روسٹ۔' رجو بائی نے لاجی کے سرخ دہکتے گالوں کو کسی قصاب کی طرح سے چھوا۔ لاجی کو لگا جیسے رجو بائی نے اپنے زہریلے ناخن اس کے گالوں میں اتار دیے ہوں۔ لاجی کسی حلال ہوتے ہوئے بکرے کی طرح اپنے نرخرے سے دردناک آوازیں نکال کر چیخنے لگی۔ رجو بائی نے جھلا کر لاجی کی گردن ایک ہاتھ سے پکڑی اور دوسرا ہاتھ اس کے منہ پر رکھ کر اس کی دہشت ناک چیخیں روکنے کی کوشش کرنے لگی۔ لاجی کو لگا جیسے رجو بائی اس کا گلا گھونٹ رہی ہو اس نے اپنی روتی ہوئی سرخ انگارہ آنکھوں سے کچھ اس طرح سے رجو بائی کو دیکھا کہ نہ جانے کیوں رجو بائی لمحے بھر کے لیے کانپ سی گئی۔ پل بھر کے لیے رجو بائی کو لگا جیسے لاجی کی آنکھوں میں ایک زندہ گوشت کھانے والا گدھ ہے لاجی کی بوٹیاں نوچنے کے لیے اپنی چونچ اس کے جوان جسم میں گاڑ رہا ہے۔ رجو بائی نے ڈوبتے ہوئے دل سے لاجی کی آنکھوں سے اپنی نظر ہٹالی اور اس کی گردن چھوڑ کر خود کو زور سے ماں کی گالی دی اور پھر بالاخانے کا دروازہ جھٹکے سے کھول دیا۔

آوارہ خیال

وہ ایک آوارہ خیال تھا جسے ایک دن اوروں کی طرح ایک جسم میں بو دیا گیا۔ شروع شروع میں تو اسے کچھ نہ پتہ چلا مگر پھر کچھ دنوں میں وہ نمو پانے لگا، اس کے ہاتھ پاؤں اُگنے لگے اور ایک دن وہ پورا ثابت سالم دھڑ بن گیا۔ ایسا دھڑ..... جسے وقت کا عذاب سہنا تھا۔ ایسا دھڑ..... جسے دنیا میں رہنا تھا۔

عجیب جگہ تھی وہ دنیا.... ایسا بازار.... جہاں اس جیسے دھڑوں کے رنگ بکتے تھے۔ جہاں ان کی نسلوں کے لحاظ سے قحبہ خانے تھے۔ جہاں عقیدوں کے الگ الگ ڈربے تھے جن میں بھانت بھانت کے دھڑ، ادھ مری سہمی ہوئی مرغیوں کی طرح، خود کے کٹنے کا انتظار کر رہے تھے۔ تو وہ بھی ایک دن اس بازار میں اور دھڑوں کی طرح شامل ہو گیا۔ وقت کے عذاب کو سہنے لگا اور اپنے رنگ، نسل اور عقیدے کے لحاظ سے بکنے لگا مگر پھر وہ دن آیا.... جب کسی بوٹیاں نچڑی طوائف کی طرح اس کے بھی سب گاہک اس پر اچٹتی ہوئی نظریں ڈال کر اسے تنہا چھوڑ گئے۔ تو وہ تنہا، چپ چاپ اور اداس اپنے دھڑ کی کھولی میں پڑا اس کے مرنے کا انتظار کرنے لگا کہ اس کی موت میں ہی اس آوارہ خیال کی آزادی تھی۔

شاید اس کا دھڑ مر بھی جاتا اور وہ پھر کسی آزاد گمنام خیال کی طرح ایک بار اور کسی نئے جسم میں بو دیا جاتا، وقت کے عذاب کو سہتا، بار بار بکتا، بوڑھا ہوتا اور مرتا....

مگر یہ ہوا کہ اس نے جسم کے عذاب سے مکتی پانے کی ٹھانی کہ.... یہ جسم ہی تو تھا جو، جو وقت اور جگہ کا مارا ہوا تھا۔

تو اس صبح اس نے اپنے جسم کو سورج کی کرنوں سے دھویا۔ وہ سب رنگ نوچ نوچ کر نکالے جو کچے اور جھوٹے تھے اور پھر ان رنگوں سے خود کے بدن کو سجایا جو پکے اور سچے تھے۔ اسے لگا..... سچ ہی تو وہ رنگ ہے جو دنیا کے بازاری رنگوں پہ بھاری ہے۔ جو وقت کی قید سے آزاد ہے۔

تو اس شام وہ دیر تک چاند کے عکس سے باتیں کرتا رہا۔ اس کی ٹھنڈک سے اپنے جسم کی نسلی آگ کو بجھاتا رہا کہ یہ تقسیم سکون کی متلاشی تھی۔ سکون.... جو اس کے جسم کو وقت کے عذاب سے بچا سکتا تھا۔ سکون.... جو موت جیسا ہو مگر زندگی میں ہی اس کے بوڑھے دھڑ کو مل جائے۔

تو جب ساری ہی ادھ مری مرغیاں ایک ایک کر کے دم توڑنے لگیں تو اس نے پیار کے پانی میں اشنان کیا اور محبت اور پیار کی طاقت سے عقیدوں کے سارے ہی پنجرے توڑ ڈالے اور ایک ایک کر کے سب دھڑوں کو آزاد کرنے لگا۔

وہ دن اس کے گیان کا تھا۔ وہ دن.... جب سچ، سکون اور محبت اس آوارہ خیال سے روشن کرنوں کی طرح پھوٹ رہے تھے اور اس کے بوڑھے دھڑ کو وقت کے عذاب سے مکتی دے رہے تھے۔

پردے جو نفرتوں کے تھے

ہارمونیم کے پردوں کے پیچھے چھپا ہوا میٹھا سر جنم جنم سے ان دیکھی مشاق انگلیوں کا منتظر تھا.... انگلیاں جو بولتی ہوں، انگلیاں جو دیکھتی ہوں، انگلیاں جو ہنستی ہوں، انگلیاں جو روتی ہوں.... انگلیاں جو ڈھولک کی تھاپ، سارنگی کے سر اور بانسری کی لے کے ساتھ ہارمیونیم کے اس میٹھے سر کو کچھ اس طرح سے ملا دیں کہ ایک ایسا سنگیت جنم لے جس کی ہر تان ایک دیپک ہو۔

مگر.... بادل گزرتے رہے، سورج ڈوبتا ابھرتا رہا اور موسم بدلتے رہے.... سارنگی ہارمونیم کے میٹھے سر کے لیے ترستی رہی، بانسری کی لے ڈھولک کی تھاپ کے انتظار میں روتی رہی.... ہارمونیم کا سچا سر کہیں کھو گیا تھا۔ سنگیت بنا جنم لیے مر رہا تھا۔

بالآخر تھک ہار کر اک رات کے پچھلے پہر کچھ انگلیاں ہارمونیم کے پردوں پر سرسرائی۔ ہارمونیم کے سوئے ہوئے میٹھے سر نے نیند کی آغوش میں کروٹ لی اور پھر دھیمے سے ڈھولک کی تھاپ کے کان میں کچھ ایسی بات کہی کہ ڈھولک کی تھاپ اک دم شرما سی گئی اور پھر بانسری کی لے کے ساتھ کسی ناچتی ناگن کی طرح بل کھا کر اٹھی۔

مگر اس سے پہلے کہ سنگیت کی جل ترنگ فضاؤں میں گنگناتی، ہارمونیم کا میٹھا سر معصوم روتے ہوئے بچوں کی آوازوں میں کراہنے لگا۔ ڈھولک کی تھاپ ماؤں کے سینے کوٹتے ہوئے بے ہنگم شور میں بدلنے لگی۔ سارنگی سے نکلتے ہوئے سر ہوائی

جہازوں کی بے سری چنگھاڑتی ہوئی آوازوں سے کانپنے لگے۔ بانسری کی لے روتے ہوئے گیدڑوں کی آوازوں میں ڈھلنے لگی۔ سنگیت نوحہ بننے لگا۔ ہر طرف دھواں دھواں ہونے لگا۔ سر رور ہا تھا اور سنگیت مر رہا تھا۔

اور پھر سر نے روتے ہوئے ان مشاق انگلیوں کو دیکھا جو ہارمونیم پر ناچ رہی تھیں۔ انگلیاں... جو خون میں ڈوبی ہوئی تھیں۔ انگلیاں جو درد کے قصے بانٹتی تھیں۔ انگلیاں جو زندگیوں میں عذاب بن کر نا چتی تھیں۔ انگلیاں جو عزتیں جھنجھوڑتی تھیں۔ انگلیاں جو گولیاں چلاتی تھیں۔ انگلیاں جو بم گراتی تھیں۔ انگلیاں جو آشیانے جلاتی تھیں۔ انگلیاں جو زیست کے نوالے بناتی تھیں۔ انگلیاں جو خون چاٹتی تھیں۔.... انگلیاں جو خون میں ڈوبی ہوئی تھیں۔.... انگلیاں جو خون میں ڈوبی ہوئی تھیں۔

اور پھر تھک ہار کر ڈھولک نے ہارمونیم کے سر کا ساتھ چھوڑ دیا۔ سارنگی روتے روتے سو گئی۔ سر پھر سے ہارمونیم کے پردوں میں چھپ گیا۔ اس چاندنی رات کے پچھلے پہر ہر سو موت کی سی خاموشی تھی۔.... کچھ لمحوں کے بعد ہارمونیم پر جمی انگلیاں دھیمے سے سرسرائیں اور آہستگی سے ہارمونیم کے پردوں کو تکنے لگیں۔.... پردے۔.... جو نفرتوں کے تھے۔

بھینٹ

کچھ ہی دیر میں شاہ دولہ (۱) کا چوہا ناچنے لگا اور لوگ تالیاں بجانے لگے۔ ٹھیلے، خوانچے والے اور نان بائی کی دوکان سے لوگ اٹھ اٹھ کر اس کے گرد جمع ہونے لگے۔ دیکھتے ہی دیکھتے ایک ٹھٹ کا ٹھٹ لگ گیا۔ کچھ من چلے ٹن کے خالی ڈبوں کا ڈھول بنا کر پیٹنے لگے اور کسی نے دونوں ہاتھوں کو جوڑ کر باجا بنا لیا، ایک کو کچھ اور نہ سوجھی تو بھاگ کر اپنی کھولی میں گیا اور رات کی بچی ٹھرے کی بوتل ناچتے شاہ دولہ کے چوہے کے منہ میں انڈیل دی۔

کس کو معلوم تھا کہ اس چھوٹے سے اخروٹ جیسے سر میں ستر جنم کے قصے تھے۔ کس کو معلوم تھا کہ لوہے کے ڈنڈے کے سرے پہ ٹکی مٹکی میں صدیوں پرانے دیوی دیوتاؤں کی ریت رواج کی راکھ بھی ہے۔ کچھ ہی دیر میں ناچتا ہوا شاہ دولہ کا چوہا ہنستے ہنستے رونے لگا۔ شاہ دولہ کے مزار کے مجاور حیران نگاہوں سے اسے دیکھنے لگے۔ من چلے اپنے ڈھول باجوں سے بے نیاز ہو کے اسے لمحے بھر کے لیے تکنے لگے۔ شراب اپنا اثر دکھانے لگی، مٹکی میں دبی راکھ سلگنے لگی۔ صدیوں پرانی ریت رواج لمحوں میں منظر کا روپ بدلنے لگی شاہ دولہ کا چوہا رو رو کر قصہ سنانے لگا۔

'لوبان جلتے تھے اور ہر طرف دھواں ہی دھواں تھا، آسماں پل پل رنگ بدلتا تھا اور زمین اندر ہی اندر جلتی تھی۔ بانسریوں اور نقاروں کی آوازیں گونجتی تھیں، مائیں

رونے لگتیں تھیں۔قربانی کا دیوتا مولک کا بت (۲) آگ سے دہکایا جاتا تھا۔اس کے پھیلتے ہاتھوں سے ننھے منے معصوم روتے بچے آتشیں گود میں گرائے جاتے تھے۔ لبوں پہ آہ وزاریاں اور سسکیاں ابھرنے لگتی تھیں۔معبودوں کا غصہ جلتی ہڈیوں کی راکھ سے بھی نہیں بجھتا تھا۔آسمان پھر بھی قہر نازل کرتا تھا۔طوفان پھر بھی سب بہا کر لے جاتے تھے۔بھوک پھر بھی سب کچھ کھا جاتی تھی۔مگر گونجتی ہوئی رہ جاتی تھی آہیں اور کچھ سسکیاں۔اپنے بھینٹ، چڑھاووں کی راکھ سمیٹتی ہوئی.... مائیں....دھرتی ماں کے ساتھ ساتھ روتی ہوئی....مائیں۔'

شاہ دولہ کا چوہا سرخ انگاری آنکھوں سے مجمع کو تکنے لگا۔لوگ آنے، دوآنے، چارآنے اس پہ اچھالنے لگے۔ایک من چلا پھر کھولی میں بھاگا اور رات کے باسی چاول اس کے منہ میں ڈالنے لگا اور پھر چیخ چیخ کر کہنے لگا 'یہ بہروپیہ نہیں، اللہ والا ہے۔اس پہ چڑھاوے سے دل کی مرادیں پوری ہوتی ہیں۔'

شاہ دولہ کا چوہا بلک بلک کر رونے لگا اور رو رو کر دہائی دینے لگا اور پھر زمین پر بیٹھ کر جلتے سورج کی تصویر بنانے لگا۔اس نے سورج کی جلتی آنکھوں سے نیچے لہو سے ٹپکتی زبان بنائی اور پھر ایک شاہ بلوط کی شاخ پر لٹکتی اپنی لاش اور پھر آسماں کی طرف دیکھ کر انگلیاں نچانے لگا۔'ٹوناتھ دیوتا (۳) تیری خون آشامی پیاس، بھینٹ چڑھی کھوپڑیوں کے میناروں سے بجھ نہ سکی۔ایک کھوپڑی تو اس میں، میری بھی تھی۔' شاہ دولہ کا چوہا اپنے اخروٹ جیسے سر کو تھام کر پھر سے ناچنے لگا۔'آسماں تو پھر بھی قہر نازل کرتا رہا' طوفان تو پھر بھی آتے رہے اور بھوک بھی سب کچھ کھاتی رہی۔میری کھوپڑی بھی تو بھینٹ میں ہے، میری کھوپڑی بھی تو بھینٹ میں ہے۔''

مجمع پھر سے ڈھول بجانے لگا۔باجے زور زور سے بجنے لگے، تالیاں بھی پٹنے لگی۔ایک من چلا کہیں سے گلاب موتیوں کے ہار اٹھا لایا اور ناچتے شاہ دولہ کے گلے

میں ڈال کر حق اللہ، حق اللہ کے نعرے لگانے لگا۔ سارا مجمع ناچنے لگا۔ ہو مرادیں پوری، ہو منتیں پوری.... حق اللہ حق اللہ۔ اچانک پھر کوئی من چلا اپنی کھولی میں بھاگا اور تھالی میں کچھ گوشت کی بوٹیاں لے آیا اور شاہ دولہ سے منت کرنے لگا.... ایک بوٹی کھالے، ایک بوٹی کھالے، قربانی کی ہے۔

---

(۱) شاہ دولہ:

اسم گرامی دولہ تھا۔ سلسلۂ نسب بہلول لودھی اور سلسلۂ طریقت بہاؤ الدین زکریا ملتانی سے جاملتا ہے۔ ابھی بچے ہی تھے کہ کسی ظالم نے اٹھا کر ایک ہندو کے ہاتھ فروخت کر دیا۔ آپ نے اپنے آقا کی اتنی خدمت کی کہ اس نے خوش ہو کر انہیں آزاد کر دیا۔ آزادی ملنے کے بعد شاہ دولہ نے سرمست سیالکوٹی کے ہاتھ پر بیعت کر لی اور روحانی نعمتوں سے بہرہ ور ہوئے۔ بڑے فیاض اور سخی تھے۔ جو کچھ آتا راہِ خدا میں خرچ کر ڈالتے۔ سماع سے بڑا شغف تھا۔ لوگ آپ کے بڑے معتقد تھے اور اکثر آپ کے پاس اولاد کی دعا کے لیے حاضر ہوا کرتے تھے۔ مشہور ہے کہ آپ اس شرط پر دعا کرتے تھے کہ جب اس کے ہاں پہلا بچہ پیدا ہوگا تو وہ ان کی خدمت میں دے دیا جائے گا۔ چنانچہ منتیں، مرادیں پوری ہو جانے پر والدین اپنا پہلا بچہ شاہ دولہ کے ہجرے میں چھوڑ جاتے تھے جن کے سروں کو ایک آہنی خود پہنا دیا جاتا تھا جن سے ان بچوں کی نشو ونما رک جاتی تھی۔ یہ بچے گونگے، مخبوط والحواس ہو جاتے تھے اور ان کے سر چھوٹے رہ جاتے تھے۔ ان بچوں کو 'شاہ دولہ کے چوہے' کہا جاتا ہے۔ شاہ دولہ کا انتقال ۱۰۷۵ھ میں ہوا اور مزار گجرات میں ہے تاہم نو سو برس گزر جانے کے باوجود ضعیف اعتقادات رکھنے والے والدین آج بھی اپنا پہلا بچہ شاہ دولہ کے مزار کی بھینٹ چڑھا دیتے ہیں۔ (اردو انسائیکلوپیڈیا، فیروز سنز، کراچی۔ صفحہ ۸۸۲)

(۲) مولک کا بت :

۲۲۰۰ ق م میں سامی النسل فنیقی قوم کثرت پرستی کی قائل تھی۔ بعل دیوتا (آسمان، آفتاب اور آگ کا دیوتا) کو راضی رکھنے کے لیے دھات کے بنے مولک کے بت میں انسانی بچوں کی قربانی دی جاتی تھی ۔

(۳) ٹو ناتھ دیوتا :

۳۰۰۰ ق م میں اسپین کی ازتیق قوم کا سب سے بڑا معبود۔ مذہبی تاریخ گواہ ہے سورج دیوتا ٹوناتھ کو سب سے زیادہ انسانی قربانیاں پیش کی گئیں۔ ایک مقام پر جسے کھوپڑیوں کا اہرام کہتے ہیں ۔ اسپین کے لوگوں نے ایک لاکھ چھتیس ہزار کھوپڑیاں گنی تھیں ۔

ستیہ کے بکھرے ہوئے بال

رات کے سناٹے میں کاکروچ کی آوازیں سیٹیوں کی طرح بجنے لگیں۔ چارپائی کی رسیاں ستیہ کے پہلو بدلنے پر کسمسائیں اور پھر سے ایک گہری نیند میں کھوگئیں۔ ستیہ نے ایک اچٹتی ہوئی نظر اپنے بکھرے ہوئے بالوں پر ڈالی اور پلک جھپکتے میں صدیوں کا سفر طے ہونے لگا۔ اجنبی سائے چاروں جانب سے لپکنے لگے۔ کسی کی دستار پر چاند ٹکے تھے اور کوئی برہنہ سر... کسی کے لباس پر لعل ٹکے تھے اور کوئی سرتاپا برہنہ، کسی کی ہتھیلیوں میں دعائیں اگی تھیں اور کسی کے پیروں میں چاند سورج.... سینہ کوبی اور ڈھول.... پچکے گال اور رنگ برنگے بال، اونچے نیچے جھولوں میں چیختی ہوئی سرگوشیاں اور اس میلے میں کھوئے ہوئے بچوں کی ٹولیاں!

مگر سب کے چہروں پر کھدے ہوئے تھے ایک جیسے سوال...کون ہیں ہم؟

تھوڑی تھوڑی دھند پھر چھٹنے لگی۔ سورج رنگوں میں بٹنے لگا، چاند اداس راتوں میں رونے لگا، ہوائیں سرسرانے لگیں اور زمین کھیتوں میں بٹنے لگی۔ اجنبی سائے للچانے لگے اور ایک دوسرے کی عورتوں کو کھانے لگے۔ لوہے تندوروں میں ابلنے لگے اور ہتھیار بننے لگے۔ پرندے جنگلوں میں چھپنے لگے اور بستیاں سایوں سے بھرنے لگیں....مہاویاء پہلی بار میلے میں نظر آنے لگا۔ اجنبی سائے خوفزدہ نظروں سے اس سے پوچھنے لگے....کون ہیں ہم؟

مہاویاء اجنبی سایوں میں عصا ڈھونڈنے لگا....ڈر واپنے رب سے جو خود خوف سے پیدا ہوا۔

اجنبی سائے چیخ چیخ کر رونے لگے اور بین کر کے موسیٰ سے پوچھنے لگے۔ کیا خوف ہی سب کچھ ہے؟ نہیں....وہ تو محض ابتداء ہے۔

خون گاڑھا ہو کر جمنے لگا۔ پانی جو سورج کی گرمی سے اڑا تو جمتا خون بسا ندبھی دینے لگا۔ مہاویاء شکلیں بدل کر ڈرانے لگا مگر اجنبی سائے یونہی ایک دوسرے کا گوشت کھا کھا کر پلنے لگے۔ وہ اپنی دستار پر ستارے سجائے میلے پر قبضہ جمانے لگے۔ ہتھیار آگ برسانے لگے۔ چرند پرند بھاگنے لگے۔ بستیاں لاشوں سے پٹنے لگیں....محابا، مردہ سایوں کو جگانے لگا۔

اجنبی سائے حیران نظروں سے اس سے پوچھنے لگے....کون ہیں ہم؟

محابا، اجنبی سایوں میں مسیحا ڈھونڈنے لگا.....محبت کرو اپنے جیسوں سے کہ تمہیں اس نے محبت سے پیدا کیا۔

اجنبی سائے چیخ چیخ کر ہنسنے لگے اور بے حیائی سے عیسیٰ سے پوچھنے لگے۔ کیا محبت ہی سب کچھ ہے؟

نہیں....وہ تو وحشت سے بہشت کا سفر ہے۔

صلیبیں ٹھکنے لگیں۔ محابا کے خون سے میلے کے جھولے رنگنے لگے۔ وحشتیں ناچنے لگیں۔ اجنبی سائے رنگ اور نسل کے لفظوں میں بٹنے لگے۔ گھنٹیوں میں نفرتیں بجنے لگیں۔ خوف اور محبت کے نام پر سروں کی فصلیں پکنے لگیں۔ قبیلے بنے اور اجنبی سائے دستاروں میں آنے والی نسل کے لیے عذاب بننے لگے۔ معرفا، بٹتے لفظوں کو معنی کا راز دے کر سمیٹنے لگا۔

اجنبی سائے انجان نظروں سے اس سے پوچھنے لگے....کون ہیں ہم؟

معرفا اجنبی سایوں میں کتاب ڈھونڈنے لگا۔ پڑھو اپنے رب کے نام سے جو بڑا مہربان اور نہایت رحم والا ہے۔

اجنبی سائے خاموش ہو کر تکنے لگے اور بے یقینی سے محمدﷺ سے پوچھنے لگے ....کیا علم ہی سب کچھ ہے؟

ہاں ....یہی تو انتہاء ہے۔

بت بننے لگے، لفظ چومنے لگے۔ کتاب جزدان میں رکھ کر سجدوں میں پوجا کرنے لگے معرفا کے معنی ہواؤں میں اڑنے لگے۔ اجنبی سائے درندے تھے درندے ہی رہے۔ بستیوں میں وحشتیں ناچتی رہیں۔ نفرتیں سینوں میں پلتیں رہیں۔ میلے میں آگ اور خون کی ہولیاں رنگتی رہیں!

اچانک چارپائی کی رسیاں کسمسائی اور ستیہ کی آنکھ کھل گئی۔

چاروں طرف ایک ہولناک سناٹا، کسی عفریت کی طرح اس کے ارد گرد پھیلا ہوا تھا۔ تاریکی میں کہیں دور دور تک روشنی کی کوئی کرن نہیں تھی۔ کاکروچ کی سیٹیوں جیسی آوازیں خود کاکروچ کو نگل چکی تھیں۔ اچانک ستیہ کے کانوں میں کسی کے گھٹے گھٹے رونے کی آوازیں آنے لگیں۔ ستیہ نے آہستگی سے کہا....کون ہے؟ اور پھر اسے چارپائی کے سرہانے تین سائے نظر آنے لگے....مہاویاء، محابا، معرفا۔

مت رو میرے بچوں....ستیہ نے انہیں بلکتے ہوئے دیکھ کر کہا۔

وحدت الوجود....آسان نہیں۔ کیا ہم فنا ہو گئے....مہاویاء، محابا، معرفا نے روتے ہوئے پوچھا۔ ستیہ نے کہا.... ہرگز نہیں، وہ وحدت الشھور کی منزل پر ہیں۔ درندگی کا علاج خوف، انسانیت کا محبت اور علم اس کی معراج ہے۔

تو کیا انہیں تمہارے بکھرے بالوں میں چھپی سچائی کا راز مل جائے گا؟

تو کیا وہ جان جائیں گے کہ وہ کون ہیں؟ ہاں....یقیناً ستیہ نے اپنے بکھرے

ہوئے بالوں کو دیکھ کر کہا....معرفت کٹھن ہے۔ستیہ کے بکھرے بال انہیں سمیٹ کر خود
میں گوندھ لیں گے.....جو معرفت سے گزریں گے۔

آدھا مرد

اور پھر بالی کو لگا جیسے یہ وہ نازک کان نہیں جس کے دہکتے روؤں کی حدت سے وہ دھیمے دھیمے کانپتی تھی، بندیا کو لگا یہ وہ چاند جیسی پیشانی نہیں جس پر سج کر وہ خود پر اتراتی تھی، لالی کو لگا یہ وہ رس بھرے ہونٹ نہیں جس میں رچ کر وہ پیاسی، پیاس بجھاتی تھی، مالا کو لگا یہ وہ صراحی دار گردن نہیں جو بنا شراب کہ چھلکتی تھی، کاجل کو لگا یہ وہ نشیلے نین نہیں جو بنا آواز کے بولتے تھے اور تو اور خود رانی کو بھی یوں ہی لگا جیسے یہ اس کے وہ گبرو میاں نہیں جنہیں دیکھ کر وہ خود اپنی ہی جوانی سے گھبراتی تھی۔ ہائے رے میاں یہ سب کیوں؟ تم تو پورے مرد تھے نا.... پھر بھی!

رانی نے سنگھار میز پر بے ترتیب پڑی لپ سٹک، کاجل، بندیا، جھومر اور مالاؤں کو غصے سے نوچ دیا مگر پھر ٹوٹتی ہوئی مالاؤں کے بکھرتے موتیوں کو فرش پر ناچتے دیکھ کر یکا یک پھوٹ پھوٹ کر رونے لگی۔

روتی ہوئی رانی کو دیکھ کر پاس پڑی بندیا اور جھمکے کا رنگ بھی ماند پڑنے لگا۔ فرش پر بکھرے ہوئے موتی اپنے ٹوٹے ہوئے دھاگے کی بدحالی پر اشکبار ہونے لگے اور کاجل بھی بنا نینوں کے سنگھار میز پر پڑا آنسو بہانے لگا.... سنگھار میز کا آئینہ اس سارے منظر کی تاب نہ لا کر ماند پڑنے لگا اور رانی کے روتے عکس میں خود اپنی شکل دیکھ کر شرم سے پانی ہونے لگا۔

ابھی کچھ ہی دنوں پہلے کی تو بات تھی جب رانی کے میاں گھنٹوں سنگھار میز کے آئینے کے سامنے بننے سنورنے لگے تھے اور سنگھار میز کے آئینے کو جانے انجانے یوں لگنے لگا تھا جیسے وہ رانی سے زیادہ اب اس کے میاں کا آئینہ ہے.... پہلے پہل تو وہ خود پر بنتے میاں کے عکس کو دیکھ کر ٹھٹکا مگر پھر جگر تھام کر مجبوراً میاں کے سنگھار کو انوکھے رنگ دینے لگا۔ میاں تو قد کاٹھ میں بڑے گبرو جوان تھے۔ بازوؤں کی مچھلیاں، پیروں کے پٹھے، سینے کے بال، کشادہ پیشانی اور چوڑے شانے ایسا بھلا کیا تھا جو اس آئینے سے چھپا تھا...بس ایک دن نہ جانے کس ترنگ میں میاں اس کے سامنے آ کھڑے ہوئے اور رانی کے کانوں کی ایک بالی اپنے کان میں ڈال کر انگلیوں سے مسلتے ہوئے خود کو کن انکھیوں سے دیکھتے ہوئے مسکرانے لگے۔ میاں کا تو پتہ نہیں مگر اس نے دیکھا ان کی اس بے باک حرکت سے رانی کی سونے کی پیلی بالی شرم سے لال ہوگئی تھی.....جب رانی نے ہنس کر میاں کو چھیڑا تو میاں نے اسے روایتی عورت کہہ کر چپ کرا دیا....اور پھر یہی نہیں بلکہ کچھ دنوں میں رانی کی طرح زلفیں بھی دراز کر لیں اور پھر اسے رنگ برنگی کر کے اور بھی اترانے لگے.....جب اس سے بھی دل نہ بھرا تو ایک دن گلے میں ایک عدد مالا بھی ڈال لی.....اب تو رانی کے ہوش ہی اڑنے لگے۔

رانی سے جب کچھ بھی بس نہ چلا تو اسی آئینے کے سامنے کھڑے ہو کر منہ ہی منہ میں بیزارگی سے بڑبڑانے لگی.....وہ کبھی خود کے عکس کو آئینے میں دیکھتی اور کبھی میاں کے سنگھار پر سوچتی.....اب جب بھی وہ سنگھار کرتی اسے یوں لگتا جیسے آئینے میں اس کی جگہ میاں کا عکس ابھر آیا ہے۔ وہ اپنے نازک کانوں میں بالی ڈالتی تو بالی کسی بے جان بندے کی طرح میاں کے مردانہ کان کے چھید سے لٹک جاتی، وہ ہونٹوں پہ لالی ملتی تو لپ اسٹک میاں کے بھدے ہونٹوں پر چڑھ جاتی، وہ جو مالاؤں سے خود کو سجانے لگتی تو میاں کے سینے کے بالوں کا عکس رانی کے روپ میں ڈھلنے لگتا.....رانی کو

یہ سب دیکھ کر خود سے متلاہٹ ہونے لگتی۔

ادھر میاں اپنے نئے روپ سے بہت ہی خوش تھے۔ وہ رانی کے اعتراض پر اسے پرانے زمانے کی عورت کہہ کر چھیڑتے، سینے و بازوؤں کے پٹھوں کو نمایاں کرتے، آدھی بنیان پہنتے، رنگ برنگی زلفوں کو لہراتے، کانوں میں بالی پہنتے، کبھی کبھی آنکھوں پر ہلکا سا مسکارا بھی لگا لیتے یہ سب دیکھ کر سنگھار میز کے آئینے کو یوں لگتا جیسے اب میاں کے عکس میں صرف بلاؤز اور اسکرٹ کی کمی ہے ورنہ تو ان کا روپ ہو بہو رانی جیسا ہی ہو گیا ہے۔

پھر ایک دن وہی بات ہوئی۔ میاں رات گئے دیر سے گھر آئے۔ پھر نہ جانے ان کے دل میں کیا بات آئی۔ اپنے کپڑوں کی جگہ رانی کے کپڑے پہن لیے اور سنگھار میز کے سامنے کھڑے خود کے سراپے کو تکنے لگے۔۔۔۔ رانی نے جو یہ منظر دیکھا تو اس کی تو چیخیں ہی نکل گئی۔۔۔۔ وہ کسی زخمی شیرنی کی طرح دہاڑی اور روتی چنگھاڑتی دو ہتڑ اپنے سینے پر مارنے لگی اور پھر میاں کو دھکا دے کر انہیں زمین پر گرا دیا اور ان کے سینے پر چڑھ کر ان کے کپڑے پھاڑنے لگی۔ میاں بھی جواب میں ہاتھا پائی کرنے لگے۔۔۔۔ ایک بار جو انہوں نے رانی کو زور سے دھکا دیا تو وہ اچھل کر سنگھار میز کے آئینے سے ٹکرائی۔ چھناکے کی زور دار آواز کے ساتھ آئینہ زمین پر آ گرا اور پھر بہت سارے ٹکڑوں میں بکھر گیا۔۔۔۔۔ میاں لڑکھڑاتے قدموں سے فرش سے اٹھے ہی تھے کہ ان کی نظر زمین پر بکھرے ہوئے آئینے کے ٹکڑوں پر پڑی۔۔۔۔ انہیں اچانک لگا جیسے وہ ایک چہرے سے کئی چہروں میں بٹ گئے ہیں اور ہر ایک چہرہ آدھا زنانہ اور آدھا مردانہ ہے۔

ایمپٹی نیسٹ سنڈ روم

EMPTYNESTSYNDROME

ہش ہش......ہش ہش

نکو تنگ کرو باوا.... کاہے کو بوم مارئیں؟.....تم کو بھی یہی کواڑوں کی چھتاں ملیں، نصیباں پھوڑنے کو۔

کٹ کٹ....کٹ کٹ

'آجاؤ میری چڑیوں، دانا کھالو نا باوا....کائے کو تنگ کررئیں، بھوکے ہوں گے نا باوا'

اماں بی نے اپنی میلی کچیلی سفید ساڑی کا پلو سر پر کھینچا اور باقی ساڑی کے گھیر کو ایک ہاتھ سے گود میں سمیٹ کر اکھڑوں فرش پر بیٹھ گئی اور پھر چھت کو تکتے ہوئے دوسرے ہاتھ کو فرش پر پھیرتے ہوئے گنگنانے لگی.....

'آجاؤ میری چڑیوں دانا کھالو نا باوا.....کائے کو تنگ کررئیں، بھوکے ہوں گے نا باوا'

اچانک اماں بی کو کوئی خیال سوجھا اور وہ گنگنانا چھوڑ کر چلانے لگی.....'ارے ننھی....ارے....او ننھی....تھوڑا پانی تو دے دو بی بی ان چڑیوں کو..... پیاسی چڑیاں چوں چوں کرتیں نا....تم لوگاں کے کاناں پر جوں نکو رینگتی کیا؟ باوا..... پیاسا نکو ماروان کو باوا....کہاں گئی ماٹی ملی...ارے او ننھی....کاناں میں آوازاں نکو پڑری کیا....؟ کچھ نہ

جواب پا کر تنگ آ کر اماں نے چیخنا بند کر دیا۔

پھر اچانک اماں کو قمر میاں نظر آ گئے۔ 'ارے قمر میاں.... یہ ذرا ننھی کو تو بلاؤ باوا....انھوں کا ناں میں روئیاں ٹھوس کر بیٹھے....میری چڑیاں پیاسی مر جاری نا باوا' پھر اماں نے چھت کی طرف اشارہ کر کے کہا....'وہ دیکھوانوں گھونسلے سے کیسے حسرتاں سے تک رے نا' قمر میاں سے بھی کوئی جواب نہیں ملا تو اماں تنک کر بولیں....'کیا باوا کچھ تو منہ سے پھوٹو....کیا منہ میں گٹکا دیے کیا؟' اور پھر جب کوئی بھی جواب نہیں آیا تو اماں نے تنگ آ کر فرش پر ہاتھ پھیر پھیر کر پھر سے گنگنانا شروع کر دیا.....

'آ جاؤ میری چڑیوں دانا کھالو نا باوا....کائے کو تنگ کر رئیں، بھوکے ہوں گے نا باوا'

اچانک اماں بی کو ابا جی سودے سلف کا تھیلا لیے باورچی خانے کی طرف جاتے ہوئے دکھائی دیے....اماں بی نے گانا روک کر ساڑی کا پلو سر پر کھینچا اور کہا....'قمر کے ابا....اچھا ہوا آپ آ گئے....میں کب سے آپ کی راہ تک رہی تھی...چڑیوں کا باجرہ لائے نا....ان کو دانا نکو دیے تو انوں پھر سے اڑ جائیں گے' اپنے میاں کو قریب دیکھ کر اماں بی نے ایک ہاتھ سے ٹھوکہ دینے کی کوشش کی مگر اکھڑوں بیٹھنے کی وجہ سے وہ فرش پر لڑھک سی گئی۔

سفید اپرن میں ایک عورت جلدی سے اماں بی کے قریب آئی اور انہیں سہارا دے کر اٹھانے لگی....'اماں بی آپ کی طبیعت خراب ہے، آپ ادھر بستر پر لیٹ جایئے'۔اماں بی نے حیرانی سے اس عورت کو دیکھا اور کہا....'آپ کون ہیں بی بی؟ کیا تو بھی کر رئیں آپ ہمارے گھر میں؟' اس عورت نے کہا...'میں ڈاکٹر ہوں....نفسیات کی....آپ اسپتال میں ہیں اماں بی....آپ کا علاج چل رہا ہے۔آپ کو دورے پڑتے ہیں نا....اسی کا علاج' اماں بی نے یہ سنا تو ڈاکٹر کے اپرن کو دونوں ہاتھوں سے

بھینچ لیا اور بے چینی سے بولیں.... 'اور وہ میری چڑیاں؟ وہ تو ادھر تھیں نا.... اپنے گھونسلے میں.... کواڑوں کی چھتاں میں.... وہ دیکھو....' اماں بی نے چھت کی طرف اشارہ کر کے کہا.... 'وہ پھر پھرا اڑ ری ناباوا....' ڈاکٹر نے سر جھکا کر کہا.....

'نہیں اماں... ساری چڑیاں اڑ گئیں... سارے گھونسلے ڈھے گئے.... یہاں کواڑوں کی کچی چھت نہیں، سیمنٹ کی پکی چھت ہے۔' اماں بی نے روتے ہوئے کہا.... 'اور میرا پیارا قمرو، میری بیٹی ننھی.... ابھی تو میں ان کو بھی دیکھی ناباوا....' ڈاکٹر نے آہستہ سے کہا.... 'نہیں اماں بی ننھی امریکا میں ہے اور قمر میاں دبئی میں اور آپ کے میاں کو مرے زمانہ بیت گیا....' ہائے اماں بی نے اپنے سینے پر دو ہتڑ مارے.... 'میں ماٹی ملی، جنم جلی اکیلی ہی رہ گئی اپنے گھونسلے میں.... میری ساری چڑیاں اڑ گئیں....؟' ڈاکٹر نے اپنے آنسوؤں کو جذب کرتے ہوئے دھیمے سے کہا.... 'نہیں اماں.... تم اکیلی نہیں ہو.... یہاں اس دنیا کے گھونسلے میں ہم سب کے نصیبوں میں، آخر میں صرف ایک Empty Nest Syndrome ہی ہے۔

لفظ.....جو طوائف بن گئے

اور جب وہ جوان ہوئی تو کافی عرصے تک خود کو آئینے میں ڈھونڈتی رہی....کوئی چاند چہرہ، کوئی ستارہ آنکھیں، کوئی سرو قد، کوئی چمپئی رنگت، کوئی جو مسکرائے تو دیکھنے والوں کی آنکھوں میں نشہ سا چھا جائے، کوئی جو اٹھلائے تو جاتی ہوئی بہار کے بھی قدم ڈگمگا جائیں....آہ، مگر ایسا تو کوئی بھی آئینے میں نہیں تھا....بس ایک چیچک زدہ سیاہ چہرہ اور دو بجھتے دیے جیسی آنکھیں.... پہلے پہل تو وہ سمجھی شاید آئینے کا زنگ ہوگا مگر پھر اچانک اسے لگا یہی وہ ہے....یہی ہے جس کے ساتھ ساری زندگی کا نباہ کرنا ہے۔ ہنستے ہوئے یا روتے ہوئے.... یہ جان کر وہ زور سے ہنسی اسے لگا جیسے اس کے منہ سے نکلنے والی قہقہوں کی آوازیں کسی اندرونی کرب میں سلگ کر گھٹی گھٹی چیخوں میں بدل گئی ہوں۔

اور پھر دن گزرتے گئے۔ وہ جب جب آئینے سے دور رہتی خود کو اوروں کی طرح ہی سمجھتی مگر جونہی آئینے سے ملتی پھر وہی بھیانک عورت آئینے سے نکل کر اس کے گلے لگ جاتی۔ وہ لاکھ دامن چھڑاتی مگر سچائی جیسے چیچک زدہ دانوں کی طرح اس کے چہرے پر اگنے لگتی۔ پھر وہی قہقہوں کی آوازیں گونجنے لگیں، پھر وہی بلکتی ہوئی گھٹی گھٹی چیخیں نکلنے لگتیں۔

تو پھر ایک دن تھک ہار کر وہ کتابوں میں کھوگئی۔ کتابیں جو اس کے اندر کی سچائی کو باہر کی بدنمائی سے ملا کر اسے خوبصورت بنا دے۔ کتابیں جو بدنما لفظوں کے آئینے

سے نکال کر اسے خوبصورت معنوں کی دنیا میں پہنچا دے۔ وہ خود کو ایک بدنما لفظ سمجھ کر اپنے معنی کتابوں میں ڈھونڈنے لگی.... ایک ڈری سہمی ہوئی امید کی کرن کے ساتھ وہ پڑھتی رہی۔ ادب کی دنیا میں ادب کے ساتھ کھوتی چلی گئی۔

مگر لفظ بھیانک تھے۔ٹھیک اتنے ہی بھیانک جتنی بھیانک اس کے آئینے کی عورت تھی۔ وہ اپنے چیچک زدہ چہرے اور بجھتے دیے جیسی آنکھوں سے اسے ڈراتے تھے۔ وہ کسی کی غزالی آنکھوں اور سرو قامتی میں رچے ہوئے تھے۔ وہ کسی کے نازک لبوں اور لچکتی کمر کی تعریفوں میں بسے ہوئے تھے۔ وہ کسی کے دہکتے گالوں اور سنہری زلفوں کے تاروں میں الجھے ہوئے تھے۔ وہ حسن و عشق کی بارگاہ میں کسی طوائف کی طرح ناچ رہے تھے۔

تو اس دن اس نے ساری کتابیں آگ کی نذر کر دیں اور اس کی راکھ اپنے چہرے پر مل کر ان ادیبوں کی تلاش میں نکلی جن کے لفظ اس کے آئینے جیسی عورت کی طرح بدنما تھے۔ مگر جب اس نے دروازہ کھٹکھٹایا تو اس کی آنکھیں حیرانی سے پھٹی کی پھٹی رہ گئیں۔ وہ تخلیق کار تو اس سے بھی زیادہ بدصورت تھا۔ اس کی موٹی ناک اور لٹکتے ہوئے ہونٹ تھے۔ اس کے دانت ٹوٹے ہوئے تھے۔ کمر جھکی ہوئی اور آنکھیں بجھی ہوئی تھیں..... اس نے روتے ہوئے پوچھا.... کیوں؟ ایک لفظ بھی ان کتابوں میں میرے تمہارے بارے میں نہیں.... آخر کیوں؟

بدصورت تخلیق کار نے اسے مسکرا کر دیکھا اور کہا.... تم نے کتابیں تو پڑھ لیں مگر شاید ٹائٹل نہیں پڑھا.... لفظ..... جو طوائف بن گئے۔

شرک

آہستہ آہستہ سورج بادلوں میں چھپنے لگا اور پھر کچھ ہی دیر میں منہہ برسنے لگا۔ درگاہ کا سبز گنبد پانی میں بھیگ کر خوب ہی کھل اٹھا۔ پانی کے ننھے ننھے قطرے گنبد کے محرابوں سے پھسل کر چھت کی دراڑوں میں چھپے پانی سے ملنے لگے اور پھر قطار در قطار کھڑکیوں اور دیواروں سے رِسنے لگے۔ کچھ ہی دیر میں جب سورج بادلوں کی اوٹ سے نکلا تو پوری درگاہ قوس قزح کے خوشنما رنگوں میں بٹ گئی۔ چھت کی دراڑوں اور دروازے کھڑکیوں کے کناروں سے چھنتی ہوئی روشنی جو مزار پر پڑی تو درگاہ میں موجود ہر شے دو دھیانے لگی۔ فضا میں اگر بتیوں کا دھواں مزار کے اردگرد مرغولے بن کر ناچ رہا تھا۔ پیر، فقیر اور کچھ افیم چی دم مار کر ایک کونے میں بیٹھے اللہ ہو اللہ ہو کا ورد کر رہے تھے۔ مزار پر تنی سبز چادر پر گوٹے کناری سے ٹکی قرآنی آیتیں حیران نگاہوں سے پیر فقیروں کو تک رہی تھیں۔

کہ اچانک درگاہ میں ایک شور سا مچ گیا اور پھر کچھ لوگ ایک نیم برہنہ عورت کو بالوں سے گھسیٹتے ہوئے درگاہ میں لانے لگے۔ ہر طرف لاٹھیاں، ڈنڈے، پگڑیاں، ٹوپیاں اور بہت سے برہنہ سر نظر آنے لگے۔ درگاہ کا صحن لوگوں کی غصیلی آوازوں سے گونجنے لگا اور درگاہ کے باہر کھڑے آوارہ کتے رونے لگے۔ 'کم بخت! شرک کرتی ہے...ہندو سے بیاہ کرتی ہے اور کہتی ہے محبت تو خود خدا ہے....محبت تو خود خدا ہے' درگاہ

میں چیخیں نا چنے لگیں۔....'ننگا کر کے ماردو...زندہ گاڑ دو......کتیا کو جلا دو.....اپنے ہندو عاشق سے ملا دو' درگاہ کے اندر رونے کی آوازیں اس طرح سے گونجنے لگیں کہ درگاہ کے باہر پاگل کتوں کی آوازیں بھی کراہنے لگیں۔ پیر فقیر سرخ خشمگیں آنکھوں سے برہنہ عورت کو گھورنے لگے اور پھر چیخ کر کہنے لگے 'شرک کرتی ہے بد بخت....زنا کرتی ہے' اور پھر پلٹ کر لوگوں سے کہنے لگے....'اس کم بخت کو جلا کر را کھ کردو یا پتھروں سے سنگسار کردو'...آہستہ آہستہ مجمع چھٹنے لگا۔ ایک ایک کر کے درگاہ خالی ہونے لگی۔ کچھ ہی دیر بعد کسی کے زندہ جلنے کی بو فضاء میں پھیلنے لگی۔ چیختی ہوئی دردناک آوازیں آسماں کا سینہ بھی چیرنے لگیں اور پھر ہر طرف دھواں سسکیاں لینے لگا۔

کچھ ہی دیر میں سورج بادلوں میں چھپنے لگا اور پھر مینہ برسنے لگا۔

درگاہ کا سبز گنبد نہ جانے کیوں پانی میں بھیگ کر سیاہ پڑنے لگا۔ پانی کے ننھے ننھے قطرے گنبد کے محرابوں سے پھسل کر چھت کی دراڑوں میں چھپے پانی سے ملنے لگے اور پھر قطار در قطار کھڑکیوں اور دیواروں سے رسنے لگے۔ مزار پر تنی سبز چادر بھی بھیگنے لگی اور چادر پر گوٹے کناری سے ٹکی قرآنی آیتیں بھیگ بھیگ کر رونے لگیں۔

کچھ ہی دیر میں جب سورج بادلوں کی اوٹ سے نکلا تو درگاہ قوس قزح کے خوشنما رنگوں میں بٹنے کے بجائے اندھیرے میں ڈوب گئی۔

اپوپٹوسس

APOPTOSIS

سوکھی پتیوں کو نئی کونپلوں کے خاطر مرنا ہوگا تو دکھ کیسا؟.... اللہ دتا بڑبڑانے لگا۔

'بوڑھے برگد سے گرتی ہوئی خزاں رسیدہ پتیاں کتنے ہی وقتوں سے چپکے چپکے مرتی تھیں۔ کتنے ہی وقتوں سے وہ خود میں پیدا ہوتی تھیں.... کتنے ہی وقتوں سے نئے جیون کی خوشی میں پرانی موت سے ملتی تھیں۔ تو آج یہ بوڑھا برگد اپنے مرنے پر خوفزدہ کیوں ہے؟ کیا وہ نہیں جانتا Apoptosis' اللہ دتا آہستہ آہستہ اپنا سر ہلانے لگا اور بار بار دہرانے لگا....

Apoptosis...... Apoptosis...... Apoptosis(۱)

اچانک کھڑکی سے آنے والے تیز ہوا کے جھونکے سے پاگل خانے کی چھت پر ٹنگا ہوا بلب زور زور سے ہلنے لگا۔ کمرے کی بوسیدہ دیواریں بلب کی ٹمٹماتی ہوئی روشنی سے سایوں میں بٹ کر ناچنے لگی۔ اللہ دتا چپ ہوگیا اور وحشت ناک نظروں سے ناچتے ہوئے سایوں کو تکنے لگا۔

کرسی پر بیٹھا ہوا ماہر نفسیات چونک کر اللہ دتا کے بدلتے ہوئے تاثرات دیکھنے لگا۔ اللہ دتا اپنی جگہ سے اٹھا اور آہستہ آہستہ دیوار پر رینگتے ہوئے سایوں کو اپنے دونوں

ہاتھوں کی ہتھیلیوں سے ٹٹولنے لگا، کئی بار اس نے چاہا کہ ان سایوں کو اپنے دونوں ہاتھوں سے تھام لے مگر سائے اس کی انگلیوں سے پھسل کر دوبارہ دیواروں پر ناچنے لگے۔ اللہ دتا بے بس آنکھوں سے سایوں کو دیکھتے ہوئے رونے لگا اور پھر اپنی بند آنکھوں میں جھانک کر خود سے باتیں کرنے لگا.... 'کالے سائے دیواروں پر ناچتے ہیں۔ ان دیواروں کو ڈھا دو.... یہ دیواریں آ کاشا (۲) کو تقسیم کرتی ہیں۔ آ کاشا جو مقدس روح ہے اس کائنات کی.... یہ آ کاشا محبت ہے....اور یہ کالے سائے نفرت ہیں، یہ کہہ کر اللہ دتا اپنی سرخ خشمگیں آنکھیں کھول کر ماہر نفسیات کو تکنے لگا اور پھر اچانک اس کی طرف اپنی انگلی نچا کر کہنے لگا.... 'تم اور میں بھی محبت ہیں....ہم سب مر کر آ کاشا میں مل جائیں گے۔ کیا تم نہیں جانتے آ کاشا محبت ہے....وہ کائنات کی مقدس روح سب کو سمیٹ لیتی ہے۔ پیدا ہونے سے پہلے بھی اور مرنے کے بعد بھی' یہ کہہ کر اللہ دتا اوندھا ہو کر زمین پر بیٹھ گیا اور پھر چیخ چیخ کر ہنسنے لگا....موت خوبصورت ہے۔ یہ آ کاشا سے ملاتی ہے۔ یہ دیواروں کو ڈھاتی ہے ہم سب کو مرنا ہے اور محبت سے ملنا ہے...پھر نفرت سے کیوں...؟ Apoptosis سے کیوں نہیں....؟ ...Apoptosis Apoptosis ...Apoptosis.... اللہ دتا آنکھیں بند کر کے اپنے دونوں ہاتھ ہواؤں میں نچانے لگا۔ اس کے اجڑے بکھرے بال اس کے سر کے اردگرد اڑنے لگے۔ اس کے قہقہے فضاء میں گونجنے لگے۔ اس کی آنکھوں سے آنسو بہنے لگا۔

اچانک پاگل خانے کا دروازہ کھلا۔ دو وارڈ بوائے دوڑتے ہوئے کمرے کے اندر آئے۔ دونوں نے اللہ دتا کو پکڑا اور اس کو انجکشن لگانے لگے۔ اللہ دتا نیند میں بڑبڑانے لگا اور پھر اس کے خراٹوں کی آوازیں کمرے میں گونجنے لگیں۔

ماہر نفسیات نے ایک گہری سانس لی اور اللہ دتا کی فائل کھولی۔ میڈیکل فائل کے پہلے صفحے پر لکھا تھا۔ نام: اللہ دتا عمر: بہتر سال داخلے کی وجہ: ڈپریشن اور

خودکشی کی کوشش واقعہ: بیوی اور بچوں کا مر جانا، میڈیکل فائل کے دوسرے صفحے پر اخبار کی دو کالم کی خبر چسپاں تھی 'شہر کے ایک اور خودکش حملے میں مرنے والوں میں ۶۷ سالہ مسز اللہ دتا اور ان کے چار جوان بچے بھی شامل تھے جو اپنے باپ کی بہترویں سالگرہ پر ان کی لمبی عمر کی دعا مانگنے....'

1- Apoptosis: For every cell there is a time to live and a time to die.
2- Akasha: A word from ancient Indian myth... The literally meaning is space "but the larger concept is of "soul space"... "the field of awareness" or in other words "universal consciousness".

پراسرار مسکراہٹ

بس آنکھیں بند ہونے کی بات تھی، کچھ ہی دیر میں گھپ تاریکی چھٹنے لگی... رقیہ کو یوں لگا جیسے اس کی سڈول بانہوں پر سر رکھتے ہوئے محبوب کا لمس اچانک ایک انجانے مرد کی شکل میں ڈھلنے لگا۔ پہلے پہل تو آنکھیں بنیں، نیم دراز گھنی پلکوں کے پیچھے چھپی ہوئی کنچی سی آنکھیں جن کے شربتی رنگوں کی جھیل میں رقیہ کے سلگتے ہوئے ارمانوں کی ناؤ ہچکولے کھاتے ہوئے ڈوبنے لگی، پھر جلد ہی تھوڑی کا چراغ ہونٹوں کی دبیز مسکراہٹ اور ایک گال پر چھوٹا گم سم سا گڑھا رقیہ کے سلگتے ہوئے ارمانوں کو خود میں سمیٹ کر اس کی ادھوری خواہشوں سے بھرنے لگا۔ گرم ہونٹوں کی تمازت سے جب رقیہ کے ہونٹ جلنے لگے تو اس کا خوابوں کا شہزادہ ایک نئے روپ میں اس کے سامنے ابھرنے لگا، وہ کبھی کسی یونانی دیوتا کے مردانہ حسن کی خالی شکل میں ڈھل کر اس کے پیاسے ہونٹوں کو بے تحاشہ چومنے لگتا تو کبھی کسی دیومالائی کہانی کا لافانی کردار بن کر اس کے چہرے کو اپنے گرم بوسوں سے گلنار کرنے لگتا۔ گھنی زلفوں میں جو انگلیاں سرسرانے لگتی تو رقیہ کا خیال رنگوں کی دھنک بن کر اس کو ایک ان دیکھی دنیا میں لے آتا جہاں اس کے خوابوں کا حسین شہزادہ اپنی دونوں بانہیں دراز کیے اس کی بکھری ہوئی زلفوں کو اس کے سارے بدن کے ساتھ خود میں سمیٹ لیتا۔ حسن و عشق کی یہ مدہوش کیفیت رقیہ کے بدن میں کبھی آگ بن کر جلنے لگتی تو کبھی ٹھنڈک بن کر اس کی روح میں اترنے لگتی اور

پھر اک نشہ سا رقیہ کے سارے بدن پر چھا جاتا اور وہ دھیمے دھیمے اپنے ان دیکھے محبوب کے بازوؤں میں کانپنے لگتی۔

رقیہ تو کبھی بھی نہیں چاہتی تھی کہ وہ رنگ و بو کی اس مدہوش کیفیت سے باہر آئے مگر قیوم میاں کی رات بھر کی منہ کی بساند اور جلے ہوئے تمباکو کے بھبکوں سے اس کے خوابیدہ احساسات متلانے لگے۔ وہ شدید کرب سے اپنے پاس پڑے ہوئے اس بے ہنگم شخص کو نیم بند آنکھوں سے بیزاری کے ساتھ تکنے لگی جس کے ساتھ وہ ساری رات حسن و عشق کی ہولی کھیلتی رہی تھی۔ قیوم میاں اس کے شوہر....اس کے یونانی دیوتا ...جن کا قد ساڑھے پانچ فٹ اور پیٹ سوا تین فٹ تھا۔ جن کا رنگ اس کی دیومالائی کہانی کے کسی بھیانک جن کی طرح تھا جو اندھیرے میں نظر نہیں آتا تھا۔ جن کی زلفیں اس کے خوابوں کے حسین شہزادے کی طرح نہیں بلکہ کسی اجڑے ہوئے کھلیان کی طرح تھیں، جہاں برسوں سے سوکھا پڑا تھا۔ جن کے رومانی چہرے کو چیچک کے داغوں نے اور بھی بدشکل بنا دیا تھا۔ قیوم میاں....اس کے سرتاج....جن کے ساتھ وہ اپنی بھری جوانی کی مہکتی ہوئی روشن راتیں کالی کر رہی تھی۔ اونہہ....رقیہ نے کوفت سے آنکھیں بند کرلیں اور پھر سے اپنے کھوئے ہوئے خوابوں کے شہزادے کو اندھیرے میں ٹٹولنے کی کوشش کی مگر قیوم میاں کا غلیظ سراپا اس کے سامنے بے ہنگم انداز میں ناچنے لگا۔ رقیہ نے تھک ہار کر آنکھیں کھول دیں اور پھر لحاف چھوڑ کر کچھ دیر تو بستر پر بیٹھے بیٹھے بیڈ روم کی دیواروں کو تکتی رہی مگر پھر بیزارگی کے ساتھ بیڈ روم سے نکل گئی اور لان میں چلی آئی۔ چڑیوں کی چہچہاہٹ سے فضاء میں خوشگوار سی موسیقیت رچی ہوئی تھی۔ سورج کی پہلی کرن صحن سے چوری چوری اندھیرا چرا رہی تھی۔ رات کی رانی کی خوشبو ابھی تک صحن سے دالان تک بسی ہوئی تھی۔ رقیہ نے دونوں ہاتھ پھیلا کر ایک لمبی سی جمہائی لی اور پھر قریب ہی تپائی پر پڑے ہوئے بے ترتیب اخبار کو سمیٹنے لگی۔ اچانک

رقیہ کی نظر ایک باسی خبر پر لمحے بھر کے لیے اٹکی۔ تھانہ شہزاد پور کے علاقہ میں اکیس سالہ تاج بی بی کو اس کے خاوند خدا بخش نے اس وقت موت کے گھاٹ اتار دیا جب وہ اپنے آشنا معشوق علی کے ساتھ رنگے ہاتھوں پکڑی گئی۔.... رقیہ نے ایک پر اسرار مسکراہٹ کے ساتھ پرانا اخبار تپائی کے نیچے کھسکا دیا اور پھر آنکھیں بند کر کے رات کی رانی کی خوشبو کو اپنی گہری سانسوں میں اتارنے لگی۔

ٹیڈی بیئر

پلک جھپک کر بوڑھے محمد حسین نے چھیاسی برس پرانی یاد کی گرد اپنی بوجھل پلکوں سے گرائی اور کروٹ بدل کر چھت کے کواڑوں کو تکنے لگا۔ اچانک ایک گول مٹول شرارتی آنکھوں اور نرم و گرم مخملی بالوں والا ٹیڈی بیئر اس کے خیالوں کی گود میں ہمکنے لگا۔ محمد حسین نے ٹیڈی بیئر کو اپنی سخت پتھریلی انگلیوں میں کچھ اس طرح سے بھینچ لیا جس طرح سے تین سال کی عمر میں اس چھوٹے سے ٹیڈی بیئر کو بھینچا تھا جو اس کی ماں نے پیار سے اس کی گود میں لڑھکایا تھا۔ محمد حسین ٹیڈی بیئر کے اسفنجی بدن پر دھیمے دھیمے ہاتھ پھیرنے لگا اور پھر ٹیڈی بیئر کے کان میں بڑبڑانے لگا۔

کون ہو تم، کہاں سے آئے ہو؟
مسلمان، ہندو، یہودی، عیسائی، بدھ یا کوئی صوفی
مشرق، مغرب، شمال، جنوب، زمین یا آسماں سے!
کس شے سے بنے تھے؟ کس میں ٹوٹ جاؤ گے؟
ماں کے رحم میں تھے، آدم و حوا کی اولاد سے تھے؟
رنگوں میں بس جاؤ گے یا خوشبو میں اڑ جاؤ گے؟

گداز بالوں والا ٹیڈی بیئر کھلکھلا کر اس قدر ہنسا کہ اس کی گول مٹول آنکھیں آنسوؤں سے بھر گئیں۔ اس نے اپنے ننھے منے ہاتھوں میں محمد حسین کے بوڑھے

ہاتھوں کو دھیمے سے تھام لیا اور چپکے سے اس کے کانوں میں سرگوشی کی۔

تین سال کے تھے تم....اور بالکل میرے جیسے تھے۔

اندر بھی اور باہر بھی...صرف دل ہی دل جیسے تھے۔

دنیا تمہاری، ٹیڈی بیئر جیسی ملائم تھی نہ معصوم

نیکی اور بدی کی رسیوں میں بٹی ہوئی تھی

جنت اور جہنم کے بیچ کہیں ٹنگی ہوئی تھی

فلسفیوں کی بحثوں میں الجھی ہوئی تھی

سانپ واژدھے کے استعاروں تلے دبی ہوئی تھی

وہ تو بس یونہی.....ریچھ اور بھالوؤں کے لیے تھی

یہ سن کر بوڑھا محمد حسین اپنے کانپتے ہاتھوں کی مٹھیوں کو آنکھوں کے قریب لاکر

تکنے لگا اور پھر کروٹ بدل کر لیٹے لیٹے کمرے کی بوسیدہ دیواروں کو تکنے لگا۔ اچانک

اس نے بستر سے اٹھنے کی کوشش کی مگر اسے لگا جیسے اس پر پڑے ہوئے ٹیڈی بیئر کا

وزن یکا یک منوں بھاری ہوگیا ہے۔

ڈس گئی تجھ کو بھی یہ خونی دنیا

اب پڑے رہو زہر آلود میری بانہوں میں

بوڑھے محمد حسین نے اکتا کر اپنی خالی گود کو دیکھا اور دھیمے سے آنکھیں بند

کرلی۔

پہلا پیار

کہتے ہیں جس دن پہلی بار رحیم داد کو ماسٹر شریف نے چمکار کر گود میں بٹھایا تھا اسی دن رحیم داد سات سے سترہ سال کا ہو گیا تھا، اسی رات اس کے خواب میں ایک ساتھ بہت سے اژدہے اسے ڈسنے چلے آئے تھے۔ ہر اژدہا لمحے بھر میں ماسٹر شریف کی شکل جیسا بن جاتا تھا...وہی بجھتے دیوں جیسی آنکھوں پر موٹے موٹے شیشے کی عینک، وہی بے ہنگم سی ناک کے نیچے بالوں کے سفید کالے گچھے، وہی دو دن کی بڑھی شیو میں چھپے ہوئے پتلے پتلے جھری جیسے گال اور وہی ماسٹر شریف کے بدن کی گندی بساند جو رحیم داد کی سات سالہ معصوم روح کو زندگی بھر کے لیے متلا گئی تھی۔ سات سے سترہ سال تک رحیم داد ہر رات ماسٹر شریف کی شکل کے اژدہوں سے ڈسا جاتا رہا، ہر رات اس کے بدن پر لپٹے ہوئے سانپ اس میں چھید کرتے رہے، وہ اس کے بدن میں اس طرح رینگتے رہے جیسے وہ اس کا بدن نہیں بلکہ ان سانپوں کا بل ہے، وہ اس کے بدن سے اس طرح اگلتے رہے جیسے وہ اسی کے خون میں پلتے رہے تھے۔ ماسٹر شریف تو دو سال بعد اسکول چھوڑ گئے مگر رحیم داد کی روح کو عمر بھر ڈسنے کے لیے رینگتے سانپ چھوڑ گئے۔

کچھ سالوں کے لیے تو رحیم داد کی ہر ایک رات جیسے عذاب بن گئی تھی مگر پھر رفتہ رفتہ ایک عجیب سی تبدیلی آنے لگی۔ رحیم داد کو لگنے لگا جیسے اس کے بدن پر لپٹے سانپ اس کے لیے راحت کا سبب بنتے جا رہے ہیں۔ وہ جو اس کو ڈستے ہیں تو اس کا

سارا بدن بجائے سانپوں کے زہر سے نیلا ہونے کے کسی نئی نویلی دلہن کے رخساروں کی سرخی کی طرح شرم سے لال ہو جاتا ہے۔ وہ جو کسی رات اس کے بدن کو چھید کر اس میں نہ رینگتے تو ساری رات اس کی کروٹیں لیتے گزر جاتی اور اگلے روز اسے لگتا جیسے اس کے سر کے نیچے دھڑ کی جگہ سانپوں کا خالی بل لگا ہوا ہے جو اپنے مکینوں کے بنا اداس ہے۔ ایسے میں تمام دن اس کا دل بھاری رہتا اور تنہائی میں خوب ہی رونے کو چاہتا۔ اسی طرح ایک دن رحیم داد سات سے سترہ سال کا ہو گیا اور پھر پہلی بار..... اس کے خواب ٹوٹنے لگے۔

اس لڑکی کا نام زہرہ تھا۔ ڈری ڈری نینوں والی، سانولے تیکھے سے نقوش والی اور سرو جیسے قد والی زہرہ..... جس کے ساتھ پہلی بار خالو نظام الدین کی بیٹی کی شادی میں رحیم داد کی نظریں چار ہوئیں اور پھر دوسری بار آپا نصیبن کے بچے کی روزہ کشائی میں بھی وہ نظر آئی۔ پہلی بار تو زہرہ نے رحیم داد کو سرسری نظروں سے دیکھ کر نظرانداز کر دیا تھا مگر دوسری بار اس کا دل رحیم داد کی نظروں کے متواتر تیروں سے گھائل ہوتا چلا گیا اور جب رحیم داد نے اسے اپنے اور اس کے گھر کے بیچ ریلوے جنکشن پر ملنے کے لیے کہا تو کچھ دیر ہچکچانے کے بعد وہ ملنے کو راضی ہو گئی۔

اس شام ریلوے جنکشن پر ڈوبتے دل اور کانپتے بدن کے ساتھ زہرہ اپنے چھوٹے بھائی کی انگلی تھامے لکڑی کی بینچ پر بیٹھی سہمی سہمی نظروں سے رحیم داد کو تک رہی تھی۔ رحیم داد بوجھل نگاہوں سے کبھی زہرہ کو دیکھتا تو کبھی ریلوے جنکشن پر آڑی ترچھی ریل کی پٹریوں کو دیکھتا تھا..... دونوں کی نظریں لمحے بھر کے لیے ٹکراتی اور پھر کسی ان دیکھی ٹرین پر سوار ہو کر ان آڑی ترچھی پٹریوں پر بے تحاشہ دوڑنے لگتی..... زہرہ پہلے پیار کے نشے میں چور پسینے سے شرابور تھی، دل حلق میں دھڑک رہا تھا اور کان کی جلتی ہوئی روؤں سے رخسار دہک رہے تھے۔ رحیم داد بوجھل قدموں اور نیم مردہ بدن

کے ساتھ لمحہ لمحہ ایک اسٹیشن سے دوسرے اسٹیشن پر ایک انجانا ہاتھ تھامے اپنی منزل کی تلاش میں دوڑ رہا تھا.... مگر ماسٹر شریف کی شکل کے اژدہے ہر اسٹیشن پر اس کے پہلے پیار کو نگلنے کے لیے تیار بیٹھے تھے۔ آہستہ آہستہ راستے کی مسافت بڑھتی چلی گئی، رحیم داد کی سانسیں پھولنے لگیں، اس کے بوجھل قدم اس کا ساتھ چھوڑنے لگے، نیم مردہ بدن کی روئیں کانپنے لگیں، گردن کی نسیں پھولنے لگیں اور اس سے پہلے کہ اس کے سترہ سال تک پلنے والے سارے خواب ٹوٹ کر کرچی ہو جاتے.... رحیم داد نے زہرہ کے چھوٹے بھائی کو چمکار کر گود میں بیٹھالیا۔

تمنا

(زمانۂ طالب علمی ۱۲ر فروری ۱۹۸۵ء کی ایک تحریر)

سبزہ زار میں چھپی ہوئی پوری وادی جب ہلکی ہلکی پھوار سے بھیگنے لگی اور بادلوں کا رنگ کچھ اور سیاہ ہونے لگا تو اس نے چپوؤں کو اور تیزی سے چلانا شروع کر دیا۔ پانی میں پڑنے والے ننھے ننھے قطرے جب چھوٹے سے چھینٹے سے ایک بڑے دریا میں ضم ہوتے تو نہ جانے کیوں اسے ایسا محسوس ہوتا کہ جیسے پانی کے یہ قطرے اپنی زندگی کو کسی کام میں لانے کے قابل ہو گئے ہیں، شاید وہ امر ہو گئے یا پھر ان کی زندگی کا آغاز ہو گیا۔

ہر بار وہ چپو چلاتا تو اپنے بازوؤں کی پوری قوت استعمال کرتا گو کہ وہ جانتا تھا کہ ہر اگلا وار پیچھے کے مقابلے میں کمزور ہوتا ہے۔

پانی میں جب ننھے ننھے قطروں کی اٹکھیلیاں بڑھنے لگیں تو نہ جانے کیوں اس کا دل چاہا کہ وہ خود بھی پانی کا ایک ننھا سا قطرہ بن کر دریا میں کھو جائے۔ نہ جانے کیوں اس کا دل چاہا کہ وہ اپنے آپ کو بھی کسی کے سپرد کر دے۔ اگر کوئی اسے قبول نہ کرے تو خود ہی کسی کو گلے لگا لے۔ اور پھر یہ ہوا کہ بادل گرجنے لگے اور ننھے ننھے قطرے کہیں کھو گئے۔ اب تو چھینٹے اس کے کپڑوں کو گیلا کرنے لگے تھے۔ اس کا دل کسی انجانی خواہش سے کانپنے لگا۔ اس نے سوچا کہ اگر کشتی اسی طرح پانی کے زور پر چلتی رہے اور

وہ آسمان کی طرف تک کر بادلوں کو دیکھتا رہے اور اچانک پھر کوئی پانی کا چھینٹا اس کی آنکھوں میں آجائے تو کتنا اچھا لگے۔ ٹھنڈا پانی..... ٹھنڈے جذبے، کیسا کمبی نیشن ہے۔ اس کا دل ہلکا سا لرزا۔ پانی اب چھینٹوں کے بجائے دھاریوں کی شکل میں گرنے لگا تھا۔ ایک چھینٹے کے بعد دوسرا چھینٹا کچھ اس طرح گر رہا تھا کہ جیسے انہوں نے الگ نہ ہونے کی قسم کھا رکھی ہو۔ پھر اس نے دیکھا کہ اس کی بند مٹھی پر ایک پانی کا قطرہ گرا اور پھر اسی جگہ پر پلک جھپکتے میں بہت سارے قطرے گرتے چلے گئے۔ واقعی ملاپ اسی کا نام ہے۔

پانی کی لہریں اب موجوں کی شکل اختیار کرنے لگی تھیں اور وہ خیالوں کی موجوں میں کھوتا ہوا پانی کی موجوں میں گرتا چلا گیا۔ اچانک اسے احساس ہوا کہ اس کی کشتی بھنور میں پھنس گئی ہے، اور پھر.... اور پھر اسے چکر آنے لگے۔ ہر چیز اپنے محور پر گھومنے لگی۔ یہ پہاڑ، یہ وادیاں، یہ سبزہ، سب کچھ.... اسے ایسا لگا کہ جیسے دریا کا پانی آسمانوں کو چھونے لگا ہو۔ اس نے یہ جانتے ہوئے کہ پانی کو کسی طرح اس کی اس حرکت پر روکے، اس نے دونوں ہاتھوں سے کشتی کے کناروں کو مضبوطی سے پکڑ لیا مگر پانی کی لہریں بے قابو ہو کر اس کے سر پر سے گزرنے لگیں۔ پہلی لہر، دوسری لہر اور پھر آخری لہر، کشتی نے پلٹا کھایا اور وہ بھنور میں پھنس گیا۔ اس نے لاکھ ہاتھ پیر مارے، مدد مدد چلایا مگر وہاں، جہاں سبزہ، وادیاں تھیں، فضائیں تھیں، رومانی ہوائیں تھیں، ان حسین بادلوں سے اس کی مدد کے لیے کوئی نہ آیا، اسے لگا کہ اس کا دم گھٹ رہا ہے۔ اس نے سانس لینے کی کوشش کی اور سب کچھ ختم ہو گیا۔ ہر طرف اندھیرا، گھپ اندھیرا ... بارش کی پھوار تھمتی چلی گئی۔ پھر وہی سبزہ زار وادی کچھ کچھ سیاہ بادل اور ہلکی ہلکی پھوار۔ ماحول کی رومانیت ہر شئے پر غالب آنے لگی۔ ننھے ننھے بارش کے قطرے دریا کے پانی سے اٹکھیلیاں کر رہے تھے اور مسکرا رہے تھے۔ دریا پر ایک سکوت تھا جو طاری

ہونے لگا۔ بس دور سے ایک کشتی تھی جو الٹی تیرتی ہوئی نظر آتی تھی۔ سب کچھ وہی تھا صرف ایک تبدیلی تھی جو اردگرد کے ماحول میں ایک آواز بن کر گونج رہی تھی۔

کاش میں بھی پانی کا ایک ننھا سا قطرہ ہوتا اور دریا کے پانی میں کھو جاتا۔